『生きにくさ』は どこからくるのか

進化が生んだ 二種類の精神システムと グローバル化

山 祐嗣

新曜社

はじめに

世間一般に流布している信念が、研究者間での常識と食い違っているということは数多くあるが、現代では人々がモラルを失い、殺人や争い等も増えたという言説もその代表的なものだろう。さすがに最近はそういう報道は少なくなったが、世間を揺るがす殺人があるたびに、現代社会の病理であるとか、豊かになった現代人は精神が貧しくなったなどと論評されることが非常に多かった。今でもインターネットで検索すると、現代は豊かさの中でモラルが失われた時代だという主張が恐ろしい数でヒットする。

しかし現実には、現代は殺人が激減しているということは、歴史統計学者や人類学者の間では当然のこととされている。1999年に日本語訳が出版された、マーティン・デイリーとマーゴ・ウィルソンの共著である『人が人を殺すとき——進化でその謎をとく』においても雄弁に語られている。それにもかかわらず、そのような専門書は人々やメディアの目に触れることは少なく、あいかわらず、太古の昔には人類は平和に暮らしていたが、貨幣や武器の発明とともに凶暴になり、さらに現代ではハイテクで人間性が失われてしまったと信じている人は多い。そして、そのような言説と、本書のタイトルにある「生きにくさ」が結びつき、「現代人は精神が貧困になり、私たちは生きにくさを感じるようになった」という神話が生まれているのだと思う。

タイトルにあるように、私は「生きにくさ」自体は否定していないが、過去の人類史からみれば、それでも現代はすばらしい文明の時代だと思っている。実際、人類の三大難敵である、飢餓、疫病、戦争は20世紀後半以降かなり姿を消した。戦争だけではなく、暴力も随分と減少した。精神が貧困になっているどころか、差別等は明らかに小さくなっている。それにもかかわらず、私たちは、この現代に何か「生きづらさ」を感じている。これは単に主観的な印象だけではない。豊かになった一方で、自殺者は決して減少していないが、これは「生きにくさ」の客観的な指標になりうる。

この問題に対して、本書は、人間の精神における、「進化的に古いシステム」と「進化的に新しいシステム」を想定する立場からアプローチしている。進化的に古いシステムにおける処理は、速いのだが固定的で柔軟性を欠き、怒り・恐怖や喜びなど強い感情と結びついている。一方、進化的に新しいシステムは認知の容量が大きくなって可能になり、柔軟な思考を可能にしてくれる。したがって、文明化の人類史は、この進化的に新しいシステムによる古いシステムの制御の歴史ともいいかえることができるわけである。

この視点から論じようとすれば、どうしても進化心理学的あるいは文明史的な議論が必要になってくる。その意味で、本書は、ビッグ・ヒストリー志向の書籍である。とくに本書の中で私は、現在の豊かさの源泉は、進化的に古いシステムにおける、人類を協同と分業へと向かわせるメカニズムにあるという視点を明確にしている。そして、進化的に新しいシステムは、この協同と分業が柔軟に行われるようにしてきたといえるのである。分業は、専門化によって生産等を効率的にしてくれるので、現代の豊かさをもたらしてくれている。

この分業の大規模化がグローバル化であるといえるわけである。そして、本書では、ひきこもりなどをうむ現代の「生きにくさ」は、このグローバル化の中にあると主張されている。ただし、本書の趣旨は、このグローバル化をストップさせるのではなく、このグローバル化環境において適した文化を創生していこうというものである。グローバル化は、現実にはいろいろと局所的な問題をもたらしてはいるが、戦争の抑止という点でも、分業の効率化という点でも、この方向性の否定をするべきではない。

本書は、2018年の4月から8月にかけて、大阪府和泉市の「いずみ市民大学」における講座「心理学からみた現代 ― 現代は生きにくい時代なのか?」で話したことをまとめたものでもある。和泉シティプラザの島田亜紀氏をはじめスタッフのみなさまにはお礼を申し上げたい。また、受講生の方々からも、私が予想しなかった質問をいろいろといただいたが、本書を執筆するうえで大変参考になった。あらためて感謝したい。

また、2018年度前期に大阪市立大学一年生配当の「人間行動学概論」の後半半分を担当した。この授業では、野生環境で進化した脳がどのようにして現代文明を創り上げたかという途方もないテーマについて触れた。それで第一回目の授業で、受講学生に、「現代はモラルが失われているといえるのか」という問いで、「戦前と比べて」、「封建時代と比べて」、「農業開始以前と比べて」思うところを簡単に書いてもらった。おそらく私たちの世代なら、多くの人が「モラルは失われた」と書くと思う。「同種を殺すのは人間だけだ」とか「昔は人々は平和に仲良く暮らしていた」という、今となっては間違っている言説を教え込まれ、「現代は豊かになったが、人間の精神は貧困になった」という神話を刷り込まれてきた世代である。ところが、意外にも現代のほうがモラルが上昇したという回答が非常に多かったのである。もちろんモラルをどう定義するのか、何をもってモラルの高低の基準とするのかという議論が必要なのかもしれないので、簡単に比較することはできない。しかし、かなりの学生が、戦前は全体的に帝国主義・軍国主義的という理由で、封建時代は身分による差別が大きかったという理由で、モラルが低いと判断していた。「農業開始以前と比べて」については「わからない」とする学生が多かった。彼らのモラルの基準として、「民主主義的かどうか」は重要なようである。私は、現在の学生が「現代はモラルが失われた」イデオロギーに毒されていないことを知ってほっとすると同時に、自分の授業によってこのイデオロギーから学生を解放しようと意気込んでいたのが、拍子抜けしてしまった。彼らは、現在問題になっている高齢者の感情的暴発や犯罪などから、この世代を作り出した戦前から受け継ぐ文化的背景にあるモラルが決して高いわけではないとも推定したようである。彼らからのフィードバックは、本書を執筆する上でたいへん参考になった。あらためて、受講生のみなさんに感謝したい。

最後に、本書の出版をお引き受けいただき、かつ草稿について、貴重な意見と修正へのコメントをくださった、新曜社の塩浦暲社長に、厚く感謝の言葉を申し上げたい。

目次

装幀＝新曜社デザイン室

1章 現代は適応が困難な時代？

現代は適応が困難な時代だ、そんなふうに思っている人が多いのではないだろうか。これが本当なのかという問いに答えるためには、この問題に関係する概念を明確にする必要がある。まず現代とは、いつの時代を指しているのだろうか。多くの日本人にとって、現代といえば第二次世界大戦後を指すかもしれない。しかし、適応の困難さが語られるようになったことに着目すると、バブル経済がはじけた1990年代以降、あるいはコンピュータとインターネットが必須のものとして生活に入ってきた2000年以降を指すこともあるだろう。

では、適応の困難とは何だろうか。心理学者をはじめ、多くの人々から多様な回答が得られるかもしれない。人間関係のストレスや、経済状況への不安、テクノロジーの進歩に取り残されたという実感、あるいは適応の困難をもたらす精神疾患などもあげられるだろう。また、グローバル化によって世界全体が競争社会となり、その不安を適応の困難と表現しているかもしれない。あるいは、それがもたらしたと思われる格差社会化に適応の困難を感じているかもしれない。

一方で、現代はたいへんありがたい時代でもある。少なくとも日本人にとっては、第二次世界大戦以降、戦死者が出るような戦争は起きていない。また、昔のようにちょっとした病気が命取りになることもない。ガンなどはまだまだ克服できていないが、感染症で命を落とす可能性は激減した。飢えや寒さで死ぬという確率も極めて低い。ここ20年ほどで貧困が増えたとはいえ、基本的には何とか暮らしていける。また、インターネットの普及によって、容易に情報や娯楽が入手できるようになった。生憎私はスマートフォンを持っていないが、かなり便利らしい。さらに国内にしろ海外にしろ、移動がたいへん便利になった。高速道路網や新幹線網が張り巡らされ、航空運賃も1970年代と比較するとかなり安価になっている。栄華を極めたというフランスのルイ十四世と比較してみよう。私たちは毎日美食とまではいかないまでも美味しい食べ物を手軽に食べることができ、飲料水はより清潔になり、広さでは負けるがベルサイユ宮殿よりは快適なエアコンがついた住宅に住み、馬車よりも快適で速い乗り物に乗り、短時間で遠くまで行って珍しいものを見ることができ、書物やテレビ・映画という娯楽があり、はるかに進んだ医療を受けることができる。ルイ十四世に絶対に勝てないのは、大勢の召し使いくらいなのではないだろうか。こんなありがたい世の中が300年後に来るとは、ルイ十四世もおそらく予測はしていなかっただろう。

世界に目を向けても、一部で内戦やテロリズム、貧困の問題は解決していないが、大きな戦争は起きてはいない。1990年代以降、先進産業国では経済の停滞が続いているかもしれないが、以前は貧しかった東欧やアジア、アフリカなどにおいて、豊かになった国々が増えた。人類を悩ませ続けた伝染病は、その多くが勢いをなくしている。21世紀は、人類が未曽有の繁栄を謳歌している世紀といえるかもしれない。これまで人類の命を奪ってきた三大要因である、戦争、飢饉、疫病が、劇的に減少したのがこの21世紀なのである。

この繁栄の中で、なぜ適応が困難になったと感じるようになったのだろうか。いいかえれば、なぜ「生きにくさ」を感じるようになっているのだろうか。

これに対する回答の一つに、人々が心に抱いている懐古主義があるかもしれない。つまり、昔を懐かしむあまり、現代は昔よりもひどくなったと思うようになる傾向で、一般には、時代の変化に適応できていない人が陥りやすい。ちょうど隣の芝生を青いと思うように、現代よりも昔の芝生が青いと信じてしまっているわけである。

これらの懐古主義の最も古いものの一つに、「天は一を得てもって清く、地は一を得てもってやすし」という老子の言葉がある。老子は、紀元前6世紀ころの春秋戦国時代の哲学者で、実在したのかどうかは明らかではないが、道教の始祖とされる。この言葉の中の、「一」は、ことの始め、すなわち清純さを表し、文意は、天も地もその始まりは清純であったが、それが時代の変化とともに失われていくという警鐘である。そもそも古代中国では、伝説の聖王、堯、舜、禹の時代が理想の政治を行っていたとされており、それ以降は政治が悪くなっていったとする思想的伝統がある。そして老子のこの考えも、その伝統に従ったものである。この思想的伝統は日本にも影響を及ぼしており、「昔は良かった」「今の若いものは」という嘆きは、現代に限らずいつの時代でもあるのではないだろうか。このような思惟傾向が、時代の変化が加速度的に速くなることによって、増幅されているというだけなのかもしれない。

西洋でも、文明の発展とともに自然環境のみならず人間の自然さも失われていくという危機感が伝統的に強い。そして、この不自然な状態が適応困難をもたらすと信じられているわけである。大きな影響を与えたのは、ジャン＝ジャック・ルソーである。彼の『人間不平等起源論』では、太古の人間は、自然の環境的条件のもとで自給自足的に生きており、自己愛と同情心以外の感情は持たない無垢な精神の持ち主であったと主張されている。[44] そして未開の人々は文明に縛られない自由さを持ち、貧しくとも道徳的で平和に暮らす誇り高い「高貴な野蛮人」であり、人間の自然状態の理想的なあり方であるとした。これは、「野蛮人は無知で残虐で攻撃的」とする当時の常識を打ち破る発想であった。ルソーによれば、不平等や争いは、私有財産や階級などを認めた文明によって起き始めたもので、この主張は、その後の西洋思想に大きな影響を与えた。たとえば、アメリカにおいて、ヘンリー・ソローは、ウォールデン湖のほとりの小屋で過ごした自給自足の生活を描いた回想録『ウォールデン（森の生活）』を著し、その中で、現代文明への批判と自然への回帰を示唆している。[50] また、ヘルマン・ヘッセは、『ペーター・カーメンツィント』の中で、主人公のペーターに、故郷の自然の美しさと人々の純朴さを礼賛させ、現代文明批判を語らせている。[26] さらには、ヨーロッパの「人工的・因習的な何もかも」から逃避してタヒチに移り住んだポール・ゴーギャンも、このような思想の影響下にあったといえるだろう。

　これらの考え方は、現代文明が自然だけではなく人間性の何かを損ねているのではないかという人々の不安や直感と一致し、受け入れられていったと思われる。また、20世紀の前半に文化人類学者のフランツ・ボアズが提唱した文化相対主義にも影響を与えている。19世紀における西洋列強の世界支配の中では、西洋文化・文明が最も進歩しており、また西洋人が民族として優秀であるとする西洋至上主義が当然とされていた。文化相対主義は、これに対するアンチテーゼで、どの文化・文明が先進的かについての客観的な基準は存在しないとする考え方である。つまり、西洋文化・文明が最も先進的で望ましいものであるとする常識への挑戦であり、当時における現代文明である欧米の文明批判の一翼を担っていた。また、ボアズがこの主張を開始した1920年代は、「氏か育ちか」という論争が盛んなころであり、彼の立場は後者である。つまり、人間の精神には、育ちとしての文化的（環境的）影響が、氏としての生物学的（遺伝的）影響よりもはるかに大きいとする主張である。これは、ヨーロッパにおける被支配階級の人々が、貴族などの支配階級の人々と比べて遺伝的に劣っているから支配されているとするイデオロギーに対する批判となっていた。また、世界規模にも拡張され、アジアやアフリカなどの人々が西洋人と比較して遺伝的に劣っているわけでも、そのために文明的進歩が遅れているわけでもないと主張している点で、彼らへの偏見や差別を是正する点でたいへん大きな役割を果たしてきた。ボアズによれば、未開とされる人々が原始的な理由は、単に西洋のような教育を受ける機会に恵まれていないだけなのである。

ルソーやボアズの発想を支えた背景として、タブララーサ（英語ではブランクスレート）と、性善説がある。タブララーサとは白紙あるいは白板という意味で、その発想の起源はギリシャ哲学にあるが、ジョン・ロックらのイギリス経験論者は、人間の精神は生まれたときはタブララーサ状態であって、経験によって、その上にさまざまなことがらが書き込まれていくと考えていた。この視点は、ボアズらが信奉した、「氏より育ち」、つまり文化や環境が人間の精神発達に大きな影響を与えるという主張と合致していた。

性善説と性悪説については、日本人である私たちには、中国の古典における孟子の性善説・荀子の性悪説の対比として知られているかもしれない。もちろんほかにも多くの説があり、ここではとてもすべてを網羅して論ずることはできないが、簡単に述べれば、性善説では、人間は善を内在した清浄無垢な状態で生まれるとされ、犯罪などの悪に染まるのは、貨幣や私有財産などを認めた文明という環境のためであるとされる。一方、性悪説では、人間の欲望は生得的なものであり、それが悪に結びついているとされる。

高貴な野蛮人説は、その本性が善である人間は、元来、平和に自然と調和して暮らしていたという信念に基づいている。そして、人間が醜い欲望の塊となって争うようになったのは、私有財産、貨幣、武器などが考案されたことによると考えられている。ボアズが高貴な野蛮人説を称賛した１９２０年代は、未曽有の規模の争いであった第一次世界大戦が終わって間もなくの時代であり、人々は、戦争における人間の醜悪さを目の当たりにしていた。高貴な野蛮人説を受け入れる時代背景があったわけである。そして、ボアズの弟子であるマーガレット・ミードが南太平洋で文化人類学的フィールドワークを行い、「サモアの人々は攻撃性が低く、争いもない」という報告を行い、この説を裏付けることになった。第一次世界大戦を経験したヨーロッパ人には、このようなサモア人がとてもうらやましく感じられただろう。もし私たちが、現代は適応が困難な時代であると感じているならば、そしてそれが現代文明によるものだと考えているならば、このような思想がその背景にあり、多かれ少なかれその影響を受けているかもしれない。

適応という概念は非常に多様であって、簡単に定義するのは難しい。まず、生物学的・生態学的には、ある生物が特定の環境において生存し、繁殖を行うのに有利な形質を持っていることを意味している。心理学ではさらにそれだけではなく、人間関係を円滑にして社会生活を送ることができるかどうかも基準として考慮される。現代社会の適応の困難を考えるうえでは、この人間関係・社会生活にかかわる部分が重要であろう。

適応の分類は、アブラハム・マズローの欲求階層説が役に立つ。彼によれば、人間の欲求は、生命を維持するための生理的欲求、安全の欲求、愛情とともに何かに所属したいと思う社会的欲求、人々から価値があると認められる尊厳欲求、そして自分の能力や特性を最大限発揮したいと思う自己実現欲求という五段階に分類することができる。それぞれの欲求が満たされているか否かで、それぞれの段階での適応の度合いが決められるとみなすことができる。

生理的欲求と安全の欲求はすべての生物に共通しているが、人間においては、これらの欲求は文明の発展とともにずいぶんと満たされるようになってきている。安全で衛生的な水や食料が入手しやすくなり、乳児死亡率が低下している、少なくとも産業国においては、紀元前よりも、19世紀よりも、あるいは第二次世界大戦前よりも、文明は明らかに進歩している。そしてそれによって、よほどの貧困ではない限り食料に困ることもなく、野獣に襲われたり、ちょっとした病気になったりして命を落とす確率も激減した。

文明が進歩し、生理的な欲求や安全を求める欲求がより満たされるようになったにもかかわらず、なぜ現代の私たちは「適応の困難」を感じているのだろうか。それには私たちの脳の進化がかかわっている、というのが、私の考えである。ただし、脳の専門家でもない私が、大脳生理学について語るわけではない。本書においては、脳が進化した背景に注目したいのである。

ホモ・サピエンスは、20〜40万年前に誕生したと推定されているが、誕生した時点で、すでに現代の私たちとほとんど同じ脳を有していた。私たちの脳は、チンパンジーと分岐して以降の600万年、あるいは霊長類が誕生して以降の6500万年をかけて進化したといえるのだが、進化した環境は野生的なものであって、氷河期と現代のような温暖な間氷期が繰り返されていた。当然のことながら、テレビや自動車などの人工物がやたら周囲にあり、数学や外国語などを学校という場所で一堂に会して学ぶという環境ではなかった。また人口が稠密で、どこの誰かわからない人々と日々接したり、複雑な社会のルールに縛られて税金を払ったり裁判が行われたりするような環境でもなかった。

その意味で、現代の文明社会は、野生環境で進化した脳を持つ私たちにとっては異質であり、ルソーらが唱えるような自然回帰が人類にとって幸福かもしれないという主張は、脳が最適であるように進化した環境に戻るわけだから、説得力があると思える。しかし、5章で示すように、野生環境では人々が平和に暮らしていたとする高貴な野蛮人説は現代ではほぼ否定されており、この環境がパラダイスであったかのような幻想はすでにない。「エデンの園」は人々の夢物語にすぎない。さらにより本質的なことは、この現代文明を創り上げたのは、野生環境で進化した脳であるという事実である。

現代文明の進んだ科学や、驚くべき経済システムや法体系を創り上げたのも、野生環境で進化した脳なのである。野生環境で進化した脳になぜこのような偉業が可能だったのかは大きな問題であるが、ともかく人間は「このようなモノを創れば私たちはもっと快適になる」と信じて一歩一歩新しいものを創り上げる歴史を積み重ねてきた。さらに人類は、新しく得た知識を記録するという手段を獲得した。これによって私たちは、何かを作ろうというときに先祖がスタートした時点に戻る必要がなく、単に積み上げていけばよいという後発の有利性を得るようになった。このような事実から、確かに脳は野生環境で進化したのかもしれないが、現代文明自体はこの脳が創り上げたものなので、不適応は克服できるはずだという楽観的な見通しも選択肢に入る。

本書では、「現代は適応が困難な時代なのか」という問いに、野生環境で進化した脳が現代文明を創り上げたが、その脳が現代文明に適応できているのかという視点から、回答を模索していく。まず次の2章では、人間の精神つまり脳が、進化的に古いシステムと新しいシステムで構成されているとする視点をとる。簡単にいえば、生物は単純なものから複雑なものに進化したという歴史を持つが、脳も同じである。進化的に新しいシステムは、現代の文明を創り上げた原動力であるが、それは古いシステムのうえに成り立っている。

3章では、この新しいシステムと古いシステムの関係について見てゆく。進化的に新しいシステムは、古いシステムからの出力を柔軟に制御・修正していくことができるのだろうか。もし、これが可能ならば、現代社会は人工的といえども、かなり適応しやすいということになる。

続いて4章では、現代の繁栄の源泉として、進化的に新しいシステムというよりも、古いシステムの中にすでに芽生えている社会的契約・交換とマインドリーディングが大きな役割を果たしていることを説明する。詳しくは3章や4章で説明するが、社会的交換は物々交換に始まる現代の経済システムの源泉であり、マインドリーディングは他者の心の中を推論することを可能にし、ホモ・サピエンスの大規模な協同の基盤になっている。5章では、戦争や暴力あるいは差別などがどのように減少していったのかを、このマインドリーディングの働きで解説している。そして、社会的交換やそれらが進化的に新しいシステムによって拡張され、洗練された現代文明に結びついていることを示す。

6章では、コミュニケーションが行われるときに話し手と聞き手同士で共有される暗黙の常識や価値観の共有のあり方、すなわち本書で使用する用語である「文脈」に着目して、適応の問題を議論する。ここでいう文脈とは、コミュニケーションのときに話し手と聞き手が暗黙的に共有する情報である。伝統的なコミュニティにおいては、価値観等も共有され、相互理解やコミュニケーションは容易であった。ところが、現代の高度な分業化や産業化、グローバル化により、お互いに相手の文化的背景を知悉していない人々が集まるという状態がもたらされると、コミュニケーションや相互理解においてこの文脈を利用することができなくなる。つまり、状況が低文脈化してしまって、お互いに知悉していた同士によるコミュニティが崩壊しつつあることの問題について述べる。7章では日本を事例として、この文化の低文脈化への適応の難しさをさらに考えていく。

8章では、この文化の低文脈化がモラルの低下をもたらしたのかどうかについて、犯罪率の推移等から検討し、6章で述べた、人類における暴力や殺人の人類史における減少をもたらしたエネルギーについて議論する。より良い社会を創り上げていくうえで、悲惨な事故や犠牲の報道が人々の情動を大きく喚起する力を持つことを、改めて古いシステム・新しいシステムの観点から取り上げる。

最後の9章は、以上の議論を改めて整理し、グローバル化は「生きにくい」と感じられる低文脈状況をもたらしたが、未来はその否定ではなく、健全な低文脈文化を創り上げていくことにあるゆえんを述べる。

2章　二種類の精神

2-1　進化的に古い低容量システムと進化的に新しい高容量システム

「現代は適応が困難な時代なのか」という問いを、人間の精神あるいは脳がどのような環境で進化したのか、そして、人間が適応のためにどのような文化・文明を創り上げ、そしてそれに適応できているのかという視点から考えてみよう。この議論の土台として、脳が進化的に古いシステムと新しいシステムからなるという視点を導入する。

進化的に古い・新しいというと、脳について良く知っている人は、古いシステムとして脳幹や小脳などの大脳辺縁系、新しいシステムとして大脳新皮質という区分だと思われるかもしれない。実際、魚類と両生類では、生きていくために必要な本能や感情をつかさどる大脳辺縁系のみで、小さな大脳が出現するのは、爬虫類に至って初めてなのである。

そういう意味で脳の構造における新旧を想定するのは重要かもしれない。ただし、ここで重視するのは脳の構造的な区分ではなく、もっと心理機能的に見た分類で、直感的で迅速かつ自動的な情報処理と、熟慮的で比較的ゆっくりと機能する制御的な情報処理という区分である。

両者の最も重要な違いは、情報処理に大きな容量が必要かどうかという点である。これは一般に、認知容量と呼ばれており、自動的な情報処理では少なくてすむが、制御的な情報処理においては大きな容量が必要である。この大きな容量を支えるのが、脳神経が稠密に張り巡らされている大脳新皮質なのである。この理論は心理学で二重過程理論と呼ばれており、人間がどのように推論を行うのかの研究において、ジョナサン・エヴァンズとデヴィド・オーヴァーによって提唱された(14)。

二重過程理論を発案するもととなったものの一つに、ピーター・ウェイソン考案の、図2-1に示すウェイソン選択課題に対する人々の解答がある。一般に、「もしpならば、qである」という条件命題が偽であるのは、pが真であってqが偽となる場合である。たとえば、「もしカラスならば、それは黒い」という条件命題は、カラスであって黒くないものが見つかれば、偽となるわけである。したがって、図2-1の、「もし表がDならば、裏は3」という命題を偽とする可能性があるカードは「D」と「8」で、これが正解である。「D」を調べる必要があるのは当然だが、もし「8」の反対側がDならばこの命題は偽となるので、「8」についても調べる必要がある。ところが多くの人は、「8」ではなく「3」を選択してしまう。「3」については、反対側がどんなアルファベットであっても、この命題を偽とはしない(この命題は、「3」の裏は「D」であるとは言っていない)。

なぜ「8」ではなく、「3」を選ぶのだろうか。この誤答については認知のバイアスとしていろいろと説明されているが、基本的には、このようなバイアスは直感的で自動的な情報処理によって生じていると考えられており、ウェイソン選択課題の誤答をもたらすこの直感的判断は、関連性判断と呼ばれている。一般に、環境には膨大な情報が埋もれているが、私たちはそれらをすべて意識し、処理表にアルファベット、裏に数字が印刷されているカードがあり、それらのうち、4枚が以下のように並べられている。

D	A	3	8

これらのカードにおいて、「もし表が D ならば、裏は 3」という規則が正しいかどうかを調べたい。そのためには、どのカードの反対側を見る必要があるか。

図2-1 ウェイソン選択課題の例（正解はDと8）

できるわけではない。関連性判断は、情報が意識的に処理されるべきものかどうかを、関連性があるかどうかを基準として自動的にスクリーニングするわけである。ウェイソン選択課題で、正解の「8」の代わりに「3」を選択してしまう理由は、「もし表がDならば、裏は3」という文の中で、言及されていない8よりも3のほうが関連性が高いと自動的に判断されてしまうからである。関連性判断は直感に基づくものなので、このようにときどき誤りを引き起こしてしまう。

しかし、正答率が低いとされるこの課題でも、上記のように説明されれば、なるほど正解は「D」と「8」だということはほとんどの人が理解できるのではないだろうか。この理解は、自分の情報処理を意識的に制御することによって可能になる。つまり、この課題で間違えてしまう人も、決して問題が解けなくて間違えるわけではない。何か直感的な自動性に導かれて、誤答になってしまうだけである。こうした現象から、エヴァンズとオーヴァーは、直感的な自動性を伴う情報処理を行うシステムと、意識を伴う熟慮的な情報処理システムという分類を提唱し、二重過程理論と命名したのである。彼らがこの理論を提唱した第一の動機は、最先端の科学や合理的な論理学、すぐれた経済システムを創り上げた人類が、非常に単純な論理課題において容易にバイアスに陥るというパラドックスを解決することにあった。科学や論理学、経済システムを創り上げたのが熟慮的なシステムであり、バイアスを引き起こすのが直感的なシステムというわけである。

同じころ、記憶の心理学と社会心理学においても同様の分類が提唱され、それぞれの分類がどのように共通しているのかが議論されるようになった。記憶の心理学では、無意識的で自動的な情報処理が、自動的な連想や無意図的な想起として、制御的な情報処理と区別されるようになった。記憶の心理学において重視されたのが、すでに述べた認知容量という概念である。一般に自動的な連想はほとんど認知容量を費やさない。注意を集中しなくても自然と起きるからである。そして認知容量を費やさなければ、別の作業と同時並行的に行うことが可能である。たとえば、好きな歌を口ずさみながらテレビドラマの筋を追うことができるが、数学の定理を証明しながらであれば、筋を追うことはほとんど不可能である。ドラマの筋を追うという作業は、ある程度の注意の集中を必要とし、認知容量を費やす。一方、好きな歌はほとんど自動的に思い出されるので、認知容量を使用せず、ドラマの筋を追う妨げにならないのである。しかし、数学の定理は自動的には証明できず、あれやこれや他の証明済み定理を意図的に想起する必要があるので、より多くの認知容量を使用しなければならない。したがって、同時にドラマの筋を追うことは不可能なのである。この認知容量に限界があるという面を強調した表現が認知資源という概念である。私たちは、複雑な課題に直面したとき、限りある認知資源を何に割り当てるのかによって、その解決がうまくいったりいかなかったりする。

社会心理学では対人認知という研究領域があるが、その重要なテーマにステレオタイプや差別がある。ステレオタイプとは、たとえばAさんが大阪の中年の女性だという情報から、Aさんは豹柄が好きであつかましいオバチャンに違いないと判断するような型にはまった固定観念のことで、このステレオタイプは自動的に形成され、自動的に想起されると推定されている。そして、差別や偏見とも結びつきやすい。ところで米国における差別の主要な研究テーマは、マイノリティ、主としてアフリカ系米国人への態度の問題である。一般に、差別意識などの調査では、質問紙調査と呼ばれる、たとえば「あなたは、黒人は怠惰だと思いますか」のようなアフリカ系米国人に対する印象を直接聞くようないくつかの質問からなるテストが使用される。これによって、質問される個人の意識的な差別が測定されていると考えられている。

ところが、このような質問紙調査の結果が、潜在連合テストと呼ばれる無意識的な態度を測定すると考えられるテスト結果と食い違っているということが指摘されるようになった。最もよく得られる知見は、意識では差別していないと考えているのに、無意識では差別が残っているというものである。潜在連合テストの例が、図2-2に図示されている。実験に参加する人は、左右どちらかをできるだけ速く選択するのだが、（A）では、「白人」に関係する単語なら左、「黒人」に関係する単語なら右のキーをできるだけ速く押すことが求められる。この例では、「オバマ」は「黒人」になるので、右のキーを押すのが正解である。また、（B）の例では、「良い」単語なら左、「悪い」単語なら右のキーを押すことが求められ、「犯罪」なので、「悪い」が正解になる。重要な点は、これらを組み合わせる選択で、（C）のように、「白人または良い」単語なら左のキーを、「黒人または悪い」単語

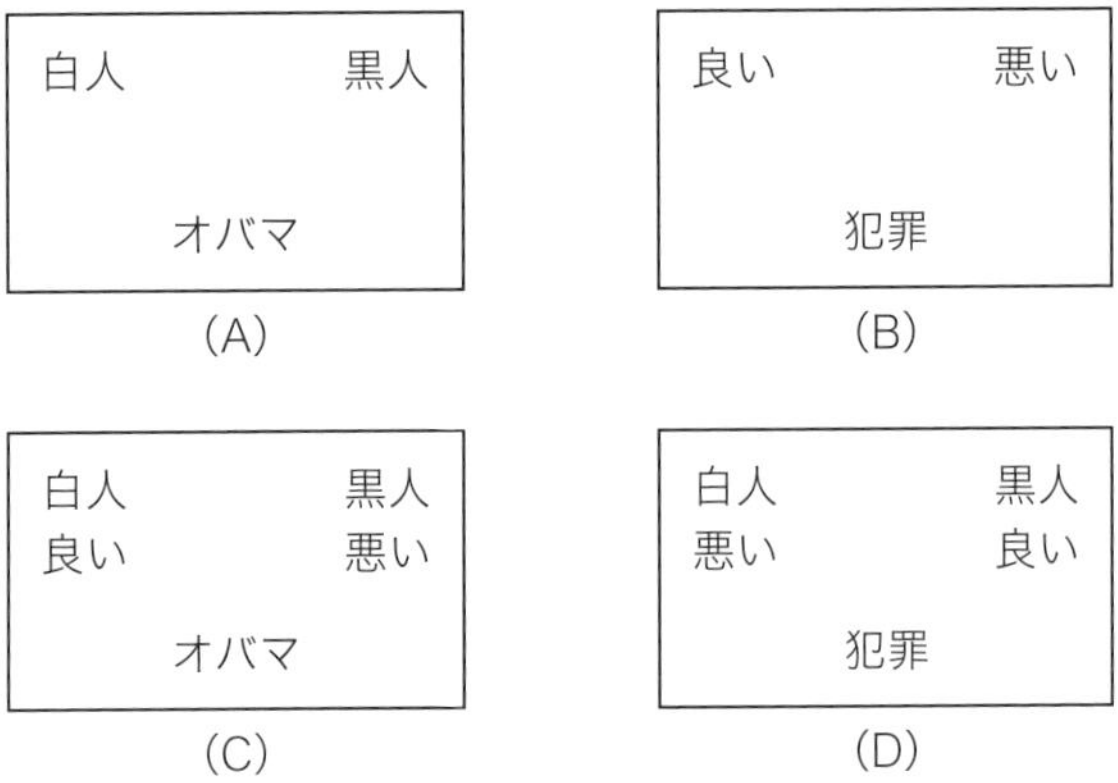

図2-2 潜在連合テストの刺激例

(A)では、「白人」の単語なら左のキーを、「黒人」の単語なら右のキーを、(B)では、「良い」単語なら左のキーを、「悪い」単語なら右のキーを押す。(C)では、「白人または良い」単語なら左のキーを、「黒人または悪い」単語なら右のキーを押す。(D)では、「白人または悪い」単語なら左のキーを、「黒人または良い」単語なら右のキーを押す。

なら右のキーを押すという条件と、（D）のように、「白人または悪い」単語なら左のキーを、「黒人または良い」単語なら右のキーを押すという条件が設けられていることである。もし「黒人」と「悪い」との無意識的（潜在的）な連想が強いとすると、「犯罪」の場合に、（B）と比較して、（D）では反応により時間を要するようになる。「黒人」との連想を無理やり遮断して、「白人」または「悪い」の左のキーを押さなければならないからである。この相対的な速さの違いで、その人の中で「黒人＝悪い」という連合がどの程度潜在的に強いか推定できることが、このテストの特徴である。

すでに述べたが、非常に興味深いのは、ヨーロッパ系米国人において、意識のうえでは差別はしていないと思っていても、と「黒人」と「悪い」の無意識的な連合は決して弱くはないという点である。また、高等教育を受けると意識レベルの差別は減少するが、潜在連合テストで測定される差別感はあまり変化がないという実験結果も得られている。このように、社会心理学においても、意識的な情報処理と無意識的な情報処理の区別の重要性が主張されるようになっている[20]。

なお、この意識・無意識という区分から、ジークムント・フロイトの精神分析学における精神の構造理論を思い起こす人もいるかもしれない。フロイトの理論における重要な点は、イドと呼ばれる無意識の構造と、自我と呼ばれる意識の構造の区別である。イドには、意識に上ったら危険な欲動であるエディプス・コンプレックスやエレクトラ・コンプレックスがあり、それを意識に上らないように抑圧しているのが自我なのである。なお、エディプス・コンプレックスとは、男性が自分の母親に抱く性愛的な欲動であり、エレクトラ・コンプレックスとは、女性が自分の父親に抱く性愛的欲動である。しかし、この構造理論は、本書で取り上げている二重過程理論と一致しているわけではない。二重過程理論では、進化的に古いシステムは、その構造上、そこで行われている処理が単に意識できないのであって、意識すると危険というわけではない。また、二重過程理論が扱っているのは、主として人間の認識や感情についての機能であり、フロイトの構造理論が扱っている欲望や欲求ではない。二重過程理論の創始者の一人であるピーター・ウェイソンはフロイトを尊敬しており、アイデアは似ているかもしれないが、二重過程理論はフロイトの構造理論とはかなり異なるものであると言っている。

以上をまとめると、現在、必ずしもすべての研究者が賛同しているわけではないが、認知容量をほとんど費やさない処理を担当する進化的に古いシステムと、認知容量に支えられた進化的に新しいシステムという二つのシステムが想定されている。さらに、それぞれのシステムは適応のための環境が異なると推定されている。進化的に古いシステムが適応しようとしていたのは明らかに野生環境である。この環境で生き延びたり、繁殖したりするために、私たちの祖先はさまざまな能力を進化させた。そして、いろいろと制約はあるにしろ、何とか絶滅せずに今まで存続できたわけである。環境をさらに細分化すれば、同じ野生環境であっても、個体が単独で環境に適応しようとする環境なのか、社会的哺乳類として集団を作って暮らす環境なのかという違いがある。この違いについては、次の節でもう少し詳しく述べることにする。

1000万年単位の人間の脳の進化の中では、文明と呼ばれるものが発展した時期はごく短く、その大半の環境は野生的であって、行われてきたことは狩猟採集である。そうすると、人間の脳が最も適応的な環境は文明社会ではなく、野生環境ということになる。その環境で古いシステムは進化した。先ほど述べたウェイソン選択課題での直感的な誤答や、差別と関係するステレオタイプ的な人間理解は、不十分な認知容量でもって野生環境で生きていくには十分だったわけである。古いシステムの、迅速で自動的という処理の特徴は、複雑な現代社会では不適応を起こすかもしれないが、比較的単純な反応で適応可能な野生環境では、かなり適応的という意味で、進化的に合理的であるといえるのである。

一方、では新しいシステムが適応しようとしているのが現代の文明社会なのかという点については議論があるが、少なくとも人間が文明社会に適応しようとすれば、このシステムを利用することになるだろう。すでに述べたように、二重過程理論の提唱の動機に、最先端の科学などを創り上げた人類が、単純な論理課題においてバイアスに容易に陥るというパラドックスの解決がある。すなわち、現代の文明は進化的に新しいシステムによって創造され、それに適応できるのは新しいシステムであるということが前提とされているわけである。ただし、ここに新たなパラドックスが生ずる。現代の私たちの脳が完成したのは、現生人類（ホモ・サピエンス）が登場したとされる20〜40万年前と推定されている。ということは、20万年前のホモ・サピエンスの乳児を現代に連れてきて教育を行えば、私たちと同じような能力を発揮するということになる。しかし、当然ながら20万年前には、現代文明どころか、農業や牧畜さえもまだない。そのような環境で、なぜ文明社会で考案された論理学や確率論を発案したり理解できたりする脳を進化させることができたのだろうか。

適応という点で、脳が有能であるにこしたことはないと思うかもしれない。しかし、実は脳は、体重のわずか2パーセントの重量で、20パーセントのエネルギーを消費している、おそろしく大飯食いの器官なのである。この短所は、現代のような飽食の時代なら問題はないが、餓死が常に大きなリスクであるような野生環境では、生存という点で大きな不利になる。数学や論理学など、野生環境においてあまり役に立たない機能を持った大飯食いの脳がどのように進化したのかということは、現代でも依然として謎である。ただし、現代の私たちは、20万年前のホモ・サピエンスとは異なっているとする主張もあり（現代の私たちをホモ・サピエンス・サピエンス、彼らをホモ・サピエンス・イダルトゥとして区別する見方もある）、とくに、後述する3〜5万年前の文化のビッグ・バンと呼ばれる細石器などのテクノロジーや宗教・芸術が勃興した時期に、言語や知能にかかわる遺伝子が突然変異で現れたとする見解に結びついている。とはいえ、20万年前のイダルトゥの脳は、大きさや新皮質の占める割合など、解剖学的には現代人の脳とほとんど同じである。

野生環境に適応していた人類が現代文明を可能にした新しいシステムを進化させたパラドックスはまだ解決していないが、進化的に新しいシステムの重要な特徴は、規範的合理性である。規範的合理性とは、さまざまな規範を創出しそれを遵守する能力であって、論理的、確率的な思考がこの合理性に適っているといえる。この能力や思考は進化の歴史の中ではるかに新しく、進化的に古いシステムはこれらに対応できない。これらの規範を創り出したり、それを遵守したりするような能力を発揮できるのは、進化を遂げた人間の脳、あるいは精神であるといえる。そしてそれは、認知容量が大きくなったことによって可能になったのであろう。進化的に新しいシステムによって、文明への適応が可能となったのである。(現代社会における規範には、進化的合理性を無視したような、取り決めによるものがある。たとえば、日本において自動車を運転するときは左側を通行するという規則には、進化的な必然性はないが、このように取り決めると、交通がスムーズになる。このような規則を作ってそれを守ることは、規範的合理性を満たすことになる。)

2-2　重要な二種類のマシン

進化的に古いシステムから新しいシステムがどのように進化したのか。この問いかけが上記のパラドックスの解決の示唆を与えてくれるかもしれない。だがその前に、進化的に古いシステムについて説明したい。表2－1に示すように、古いシステムにおける処理の特徴は、連想的、全体的、並列的、自動的、比較的迅速、領域固有的、固定的で、人類以外の生物にも可能である。このような特徴は、ある特定の刺激にのみ反応し（領域固有的）、刺激から反応までがモジュールとしてカプセル化された結果である。モジュールとは、工学的なシステムにおいてはある機能を持った単位部品を指すが、認識哲学あるいは心理学においては、精神システムにおける機能単位部品を表す概念としてジェリー・フォーダーによって用いられた[17]。モジュールでの処理はカプセル化されているので意識的な修正はできないが、これには二つの理由が考えられる。第一は、意識的な修正ができるためには進化的に新しいシステムが必要だが、古いシステムのモジュールは、進化的に新しいシステム以前から存在していて、その制約を受けるということがなかったからである。第二の理由は、進化で形成されたモジュールは野生環境ではある程度は理に適っており、へたに修正するよりは自動的にかつ迅速に決まりきった出力に委ねるほうが適応的だからである。たとえばカエルは、目の前を飛ぶ小虫に対して、ものすごいスピードで舌を出してそれをキャッチするモジュールを持っている。この場合、このモジュールは「目の前でチラチラ動く」という対象にのみ領域固有的に起動する。野生環境ではチラチラ動くのはほとんど昆虫なので、これに瞬時に舌が反応することは十分に適応的なのである。何かを確かめながらおそるおそる舌を出していたのでは、遅すぎてとうてい小虫をキャッチすることはできない。

モジュールは、特定の刺激に対して特定の機能を果たすという点で、精神の進化のモデルとして適している。動物のさまざまな機能の進化は、ある環境において、適応課題を解決できるようなモ

表2-1　進化的に古い低容量システムと進化的に新しい高容量システムのそれぞれの特徴

高容量システム	低容量システム	
ヒトとして進化	社会的哺乳類として進化	環境適応として進化
汎用的システム	社会的契約・交換マシン マインドリーディングマシン 顔マシン 言語マシン	頻度判断マシン 関連性判断マシン 危機管理マシン 素朴物理学マシン 素朴生物学マシン
認知的処理の特徴		
認知負荷が大きい 規則基盤的 分析的 直列的 制御的 比較的遅い 領域普遍的 柔軟的 規範的合理性 知能指数と関係 複雑な感情と関係	認知負荷が少ない 連想的 全体的 並列的 自動的 比較的速い 領域固有的 固定的 進化的合理性 知能指数と無関係 単純で強烈な感情と関係	

ジュールを持つ生物が生き延びたが、そのようなモジュールは、遺伝子の突然変異と自然淘汰によって形成された。適応課題とは、解決することができれば、生存または繁殖が著しく有利になる課題である。カエルにとって、昆虫を捕まえるという適応課題は、解決されると生存が有利になるが、舌の運動モジュールはそれを解決してくれるというわけである。

　ただし、モジュールという用語は、心理学的機能を表現するためはあまりにも厳密なメカニズムが想定されていて、最近は二重過程理論でもあまり用いられていない。そこで本書では、特定の領域に自動的に反応する機械として、もっと一般的なマシンという用語を使用することにする。

それでは、マシンとしてどのような機能単位が考えられるだろうか。進化的に古い低容量システムにおけるマシンは、まず、野生環境適応のために進化したマシンと、社会的哺乳類として進化したマシンに分類することができる。概して前者のほうが進化的に古く、頻度判断マシン、関連性判断マシン、危機管理マシン、素朴物理学マシン、素朴生物学マシンなどがある。頻度判断マシンは、確率計算ほど正確ではないが、たとえばどの方向に行けば獲物を獲得できる頻度が高いかなどの判断を可能にしてくれる。関連性判断マシンは、すでに前節で述べたが、膨大な情報を認知容量に制限がある意識に上らせる前に、第一段階の情報スクリーニングを行う。関連性がある情報のみを進化的に新しいシステムに送るわけである。危機管理マシンは、危機を及ぼしそうなもの、野獣、爬虫類、高所、暗闇、炎などに敏感で、それを避けるような行動を可能にしてくれる。これが私たちの命を守るうえで最も原初的かもしれない。素朴物理学マシンや素朴生物学マシンの、「素朴」という意味は、物理学や生物学ほど専門的ではないが、物理的な運動や生物的な特徴を人間がある程度は直感的に理解できているることである。つまり、生まれたばかりの乳児でも慣性や落下等を直感的に理解できているのは、素朴物理学マシンが備わっているからである。また、幼児でも生きているものといないものの区別を可能にし、たとえばイヌがエサを食べなければ死んでしまうということが理解できるが、これは素朴生物学マシンによるものである。素朴物理学マシンや素朴生物学マシンは、科学的思考の基礎になっている。

社会的哺乳類として進化したマシンの代表的なものに、社会的契約・交換マシン、マインドリーディングマシン、顔マシン、言語マシンなどがある。これらは、集団としての適応を有利にしてくれたと考えられ、たとえば、顔マシンは、顔という特定の刺激に対して起動し、瞬時にそれを顔と認識する。これによって集団内での他者の個体識別が可能になる。また、言語マシンは、集団内でのコミュニケーションに有利となるように、他者の発声を単語に分節することを可能にしてくれる。

これらのうち、人類が文化・文明を創り上げることができたという事実を、マインドリーディングマシンと社会的契約・交換マシンから考察していこう。現代文明を創り上げたのは進化的に新しいシステムであるとは推定できるが、これらのマシンには、現代文明の基礎となる人類の分業や協力を可能にしてくれたという実績がある。もちろん、道具を作成したりするのに素朴物理学マシンが重要であるように、文明の構築にはどのマシンも欠くことはできない。しかし、人類において協力と分業を可能にし、この現代文明を創り上げた源泉を進化的に古いシステムの中にたどるとすれば、社会的哺乳動物として進化したこの二つのマシンが重要なのである。マインドリーディングは、「心の理論」とも呼ばれ、他者の行為・行動の背景には、何らかの精神が関与しているという理解を可能にしてくれる。(2) 理論とは、科学において、何かを説明できるものである。この場合の理論は、他者の行動を、それを引き起こすものとしての心があるとして説明・理解するという意味であり、このマインドリーディングマシンは、他の個体の行動に対して喚起され、行動の意図を読むことを可能にしてくれる。社会的哺乳類として集団を形成し進化してきた人類にとって、マインドリーディングマシンはたいへん重要なのである。

集団を形成する適応的な利点は、捕食者などの外敵から身を守ることが容易になることと、集団で協同することによって、一個体では不可能なことを成し遂げられることである。典型的な例として、集団の狩りをあげることができるだろう。一般に、武器などの道具を用いない場合、単独で他の動物を狩るときは、自分の体重の60パーセントまでの獲物が限界といわれているが、集団になればもっと体重がある獲物でも可能になる。さらに、同種内の集団間で食料やなわばりなどを争う場合でも、大きな集団は小さな集団よりも有利なのである。

しかし、この協同や集団の維持を可能にするためには、さまざまな適応課題を解決しなければならない。協同で何か獲物を得たときに、今度は集団内で争いが生じないように、それをどのように分配するのかを決定しなければならない。集団内で争いが生ずれば、集団が分裂してしまう可能性がある。また、狩猟採集民の場合、大きな集団になると、食料資源に限界がある状況では一か所に留まっているとたちまち資源が枯渇してしまうので、必然的に定期的移動が必要になり、その距離も長くなる。この集団移動をスムーズに行うためにも、集団は団結していなければならない。

一般に、集団が大きくなると集団のメンバー間のコミュニケーションが困難になるが、マインドリーディングマシンは、この適応課題を解決する大きな武器なのである。円滑なコミュニケーションのためには、相手が何を欲しているのかを理解すると同時に、自分が伝えることを相手が理解できるということをさらに理解することが必要だが、マインドリーディングはこれを可能にしてくれる。

マインドリーディングを反映する人類の最も原初的な反応は、共同注視であろう。共同注視とは、誰かが突然ある方向を見たら、それに釣られるようにしてほぼ自動的に同一方向を見てしまう現象である。つまり、ある人が急にどこかを見るという行動の背景には「その人は見ている対象に興味を抱いていたり、用心したりしている」という精神の働きがあるということが瞬時に推論され、「そのような対象なら、自分にとっても重要である可能性がある」と判断することによって共同注視が可能になる。さらに人間の場合、3歳くらいになると、マインドリーディングによって、誤信念課題の解決が可能になる。これは、自分が知っているが他者は知らない、すなわち他者が誤った信念を持っているということが理解されているかどうかを測定する課題で、代表的なものに「サリーとアン課題」と呼ばれているものがある。サリーとアンは、課題文の中に登場する女の子の名前で、サリーがある場所にボールを入れておくが、サリーの不在時にアンがボールの位置を移動させる。そして、その一部始終を見ていた子どもに、「サリーが戻って来たときにボールを探すのはどこか」と質問するという課題である。この課題を解決できるためには、「ボールがその場所に存在しない」ということを自分は知っているが、「サリーは〝ボールがそこに存在しない〟ということを知らない」ことの理解が必要になってくる。マインドリーディングが成熟しないと、この課題は解くことができない。

もう一つの社会的契約・交換マシンは、集団内における利他性（向社会性）を支えるものである。利他行動とは、自己の損失を顧みずに他者の利益を図るような行動のことである。豊かになった現代では、お菓子を分けてあげるようなささやかなことから巨額の寄付まで、さまざまな利他行動が見られる。しかし、生存という適応的な視点からは、純粋な利他行動はありえないし、実際、生存が常に飢餓に脅かされる環境では、利他行動は自らの死を招くことにもなりうる。そこで、利他行動がどのように進化したのかについて、さまざまな議論が続けられている。たとえば、自分の命を犠牲にしても子どもを助けるような例は、血縁選択による利他行動として解釈されている。つまり、リチャード・ドーキンス[10]が言うように、生命現象が、遺伝子が自分自身をコピーし自分の乗り物（生命個体）のためのタンパク質を合成することの結果であるとすれば、血縁選択は、自分と遺伝子を共有する個体への利他行動なので、結局は自分と同じ遺伝子のメリットになる。野生環境における小さな集団の場合は、集団のメンバーがほとんど血縁者なので、彼らに利他行動をすれば、遺伝子という点で集団全体にメリットがもたらされる。つまり遺伝子を共有する血縁者に対しては、互恵的ではない利他性、つまり単なるお人好しとしての利他性を示しても、同じ遺伝子が生き延びるという点で適応的で、結果的にその遺伝子集団全体が適応的になる。これが、「包括適応度」という概念である。ただし、包括適応度を唱える研究者たちは、それだけではなく、血縁度が低い集団メンバーに対しても利他性や集団内での緊密なコミュニケーションなどによって集団の結束度が高まれば、その集団は集団としての生存確率が高くなるという点にも注目している[4]。

非血縁者間での利他行動は、基本的に相互互恵的である。この相互互恵性によるメリットが社会的契約・交換マシンを進化させたといえる。社会的交換は、たとえばある漁夫がたくさんの魚を持っている一方、別の猟夫がたくさんの獣肉を持っているような状況で適応的である。余剰の魚と余剰の獣肉を交換できれば、双方にとってメリットになるからである。社会的交換は、交換に出すもののコストが低く、交換で手に入れられるものが受け手にとって価値があれば、とくに適応的である。また、狩猟や採集などによって得られる食料の供給が不安定という野生環境の状況でも、この社会的交換は効果を発揮する。食料供給の不安定さは、野生環境では命取りになりやすい。しかし、食料に余剰がある人が足りない人に余剰分を贈り、また別の機会には、もらった人がお返しをするという習慣が形成されれば、食料供給の不安定さを乗り切ることができるわけである。受け手側にすれば大きな利益になる一方、贈り手側にとっては、余った食料を持っていても腐らせるだけなので、贈るコストはそんなに大きいわけではない。

この社会的交換状況において最も避けなければならないのは、供与したにもかかわらずお返しがないという事態である。お返しがないままに供与し続けるお人好しは、自分の食料等が一方的に搾取される状況に陥るので、不適応この上ないことになる。したがって、社会的契約・交換マシンが進化するためには、このような騙し屋を検知するシステムを備えていなければならない。さらに、騙し屋に敏感であるだけではなく、騙し屋に対して、もう二度と供与しない、怒る、罰するなどの反応が必要になってくる。そうでなければ、騙し屋にとって極めて有利な環境となり、供与のみのお人好しはたちまち絶滅し、社会的交換が成立しない社会になってしまう。

なお、騙し屋の同類に、フリーライダーがある。フリーライダーは、社会的交換状況での騙し屋のように一対一の状況ではなく、集団において不正をする。たとえば、狩猟などの協同の作業に参加することなしに獲物の分け前を得たり、また、集団に参入していないにもかかわらず、その集団からの利益を受け取ったりするのがフリーライダーである。騙し屋を検知するシステムは、このフリーライダーも検知する必要がある。

この社会的契約・交換マシンが、人間の論理的思考の源泉になったということを心理学的実験で示したのが、レダ・コスミーデスである。(7) 彼女は、前節で紹介した、ウェイソン選択課題を変形すると正答率が高くなることに着目した。これは別の研究者の考案によるものだが、ウェイソン選択課題を次のように変更してみよう。「ビール」、「ミルク」、「25歳」、「15歳」と表示された人物がいて、「もしアルコール類を飲んでいるならば、20歳以上である」という規則が守られているかどうかを知るためには、誰を調べる必要があるかという問題である。飲み物の種類が表示されている人物は年齢がわからず、年齢が表示されている人物は何を飲んでいるかわからない。

この飲酒年齢問題では、論理的にはウェイソン選択課題とほぼ同型であるにもかかわらず、ほとんどの人は「ビール」、「15歳」という正解がわかる。コスミーデスによれば、この正解率の高さは、条件文が、「もし利益を受け取るならば、コストを支払う」という、進化的に形成された社会的契約・交換の構造に一致しているためである。この例なら、20歳以上というのは大人の責任を果たすというコストであり、アルコールは利益になる。そして、この条件文が社会的契約・交換であると認識されると、騙し屋検知が作動し、この状況における騙し屋、すなわち20歳以上というコストを支払っていないのにアルコールという利益を得ようとするものに対して、私たち人間は敏感になる。その結果、「ビール」と「15歳」という正解が導かれるわけである。一方、ウェイソン選択課題の「もし表がDならば、裏は3」のような規則では、社会的契約・交換マシンが起動せず、騙し屋探索が機能しないので、容易に正解を導くことができない。飲酒年齢問題で私たちを正解に導くのは、進化的に新しいシステムによるものではなく、進化的に古いシステムの中の社会的契約・交換マシンによるものであると推定されている。

表2-1の最下欄に記されるように、進化的に古いシステムのマシンは、すべてというわけではないが、比較的単純で強い感情と結びつきやすい。たとえば、危機管理マシンからは、恐怖や嫌悪の感

情が引き起こされる。高い所で足がすくんでしまう恐怖がその代表であろう。また、社会的契約・交換マシンからは、交換のルールを破った個体、つまり騙し屋やフリーライダーに対する強い怒り感情が喚起される。さらに、マインドリーディングマシンからは、共感に基づく強い感情が喚起される。他者の成功を自分のことのように感じて強い喜びが湧き起こったり、あるいは悲惨な状況に陥った他者に対してかわいそうで涙が止まらなくなったりするのも、このマシンによるものである。この点で、利他性の基礎は社会的契約・交換マシンかもしれないが、マインドリーディングマシンはそれを側面から支えているといえる。つまり、利他行動の相手の喜ぶさまに共感して自分も幸せな気分になったり、お返しをしないことで相手が怒ることを理解したりするのは、マインドリーディングマシンによる働きである。現代の利他行動には、これらの進化的に古いシステムのマシンに、進化的に新しいシステムが加わって複雑な利他性を示しているが、これについては4章で述べていこう。

2-3　進化的に新しいシステムの誕生

二重過程理論では、進化的に古いシステムの上に進化的に新しいシステムが想定されている。このシステムは、人類の脳が何らかの適応のために認知容量が増大し、新皮質の部分が大きくなるように進化した結果として考えられている。進化的に新しいシステムは、進化的に古いシステムと比較して、明らかに領域固有的ではなく、またモジュール的でもない。表2-1の対比にあるように、大きな認知容量は、たとえば幾何の証明のように、抽象的な規則を用いることが必要な認知負荷が大きい課題を分析的に解くことを可能にする。また、情報処理をゆっくりと制御しながら柔軟に行うので、同時に他のことはできないという直列性を持っている。幾何の証明をしながらテレビの推理ドラマの筋を追うことはできない。

現代文明を生み出した大きな源泉はこの進化的に新しいシステムなので、現代を理解するうえで、この新しいシステムがどのように進化したのかということを議論することは重要であろう。現代の生活では、この新しいシステムが機能しなければ、人間はまず生きていけない。しかし、まだ現代文明が存在しない環境で現代文明を可能にする脳がなぜ進化したのかという問題は、すでに述べたように、難解なミステリーなのである。

一般に、脳容量が大きいことが適応的になるのは、生存や繁殖のための選択肢が多く、しかもどの選択肢が最適かという状況が変化しやすい環境である。実際、私たちが住んでいる現代文明社会は、まさしくこれに相当する。職業の選択肢は無数にあり、また職業に就いた後もさまざまな選択が待ち受けている。パートナーをどのように見つけるかについても、さまざまな方法や戦略がある。脳が進化した野生環境にもある程度はそのような基準が当てはまるのかもしれないが、狩猟採集を行う状況では、選択肢の数はやはり現代と比較するとはるかに少ない。それでも、進化の歴史の中で、私たちの祖先の野生環境の中で生きるための選択肢が他の動物と比較して増えるという環境がもたらされてきた。それは、霊長類も含めて人類は、社会的哺乳類として進化してきたためである。

集団は、そのサイズを大きくすれば、捕食者から身を守るのにも、同種他集団との争いにおいても有利だが、大きな集団をどのように維持すれば良いのかという問題が常につきまとう。現在、この問題に大きくかかわっている研究者の一人が、ロビン・ダンバーである。彼の『人類進化の謎を解き明かす』の中で提案されているのが、「社会脳仮説」と「時間収支アプローチ」である[13]。前節で、マインドリーディングマシンが大きい集団の維持という適応課題の解決に貢献していると述べた。「社会脳仮説」はこの主張をさらに拡大したもので、人間の持つ高度な知的能力は、社会的哺乳類としての複雑な環境への適応として進化したという主張である。

彼がとくに注目したのは、霊長類において、集団サイズと脳における新皮質の割合が比例しているという事実である。これは、新皮質の割合の増加が、認知容量の増大をもたらし、それによって集団内の個々のメンバーの相互理解の範囲が広がるという適応度の上昇があった結果であると推定されている。多くの関係を維持するためには、認知容量が必要である。たとえば二者関係なら、相手が自分のことをどう考えているかについての推論だけでよいが、三者関係になると、それぞれが考えていることについての推論だけではなく、彼らお互いがどのような関係なのかという推論も必要になってくる。同じように、4名、5名と増えていくと、推論すべき関係が爆発的に増大することがわかる。認知容量が大きければ大きなサイズの集団を維持でき、生存に有利になってくるわけである。なお、この法則が正しければ、人間の新皮質比率から推定される適正集団は150人とのことで、この150人という数字がやや独り歩きして、ダンバー数と呼ばれている[12]。

時間収支アプローチでは、特定の生息地で生存し繁殖をするために、霊長類が必要な活動、すなわち、摂食、狩猟採集、休息、社会的関係の形成（集団の維持や繁殖）にどのように限られた時間を割り振るかという戦略が注目される。集団が大きくなれば、社会関係の形成に多くの時間が割かれることになるが、そうすると狩猟採集などの、食料を得る時間が不足するかもしれない。それを解決してきたのが、マインドリーディングマシンであり、また、それを効果的に使用できるようにした、大きくなった認知容量なのである。

このように、社会脳仮説は、時間収支アプローチにおいて中核的な説明を提供している。しかし、すでに述べたように、脳は多くのエネルギーを必要とする器官であり、そうなると摂食や狩猟採集にさらに時間を割かないといけなくなる。さらに、集団が大きくなると、食料資源の限界から、狩猟採集する場合にどうしても移動距離が大きくなってしまう。食べつくしては、次の場所に移動ということを繰り返さなければならないわけである。これらの適応課題の解決に、人類は、カロリーの高い肉食を行うようになったり、また消化が良くなるように（その結果、摂食時間が短くなる）火で焼いて食べたりする習慣を獲得した。さらに、このような狩猟採集を協同で行ったり、社会関係を形成したりすることを効率化するうえで有利になる言語が進化したと推定されるのである。

霊長類における社交の手段として重要なのは毛づくろい（グルーミング）である。互恵的に毛づくろいをしあう中で、お互いの信頼感が増し、協同を促進してくれるというわけである。ところが毛づくろいによって大きな集団を維持しようとすると、非常に時間がかかる。たくさんの仲間に毛づくろいをしなければならないからである。その問題を解決したのが、直接感情を伝えることができる言語であるというわけだ。言語なら、長時間毛づくろいをしなくても、「好きだよ」や「信頼しているよ」の一言ですませることも可能であり、また、複数の協同者に同時にメッセージを送ることもできる。つまり、集団の維持のための時間が圧倒的に短縮されることになる。

言語を獲得してからの人類の協同は加速度的に進むようになり、進化的に新しいシステムも、それに応じて大きくなった認知容量に支えられて、より柔軟でより複雑な思考が可能になった。現代文明の源泉には、進化的に古いシステムのマインドリーディングマシンや社会的契約・交換マシンがあるかもしれないが、それを、より柔軟にかつ複雑に活用して現代文明を創り上げたのは、この進化的に新しいシステムなのである。

実は、マインドリーディングは古いシステムのマシンであるといいながら、つまり、認知容量の大きさに特徴づけられる進化的に新しいシステムとは無関係とされながら、実際に機能するときには認知容量が必要とされている。マシンにはそれぞれ適応課題を解決するという進化的な目標が備わってはいるが、目標構造がより複雑化している現代社会ではそのままでは使用できない。たとえば、過去にちょっとした遺恨がある相手と手を組んで何か仕事をしなければならないようなときには、「仕事の結果のために遺恨を思い出さない」、「手を組んでいるといっても、自分の手の内は完全には明かさない」、「相手が遺恨を持ち出せばすぐに手を切る」など、目標が複雑に交錯している。このためには、単純なマインドリーディングマシンでは太刀打ちできず、進化的に新しいシステムの認知容量を駆使してこの困難に立ち向かわなければならない。大きな認知容量は、目の前の課題の目標を達成するために必要な情報を、他の認知的処理をしながらも忘れないよう保持しておくことを可能にする。そして、目標を達成するために、目標とは関係のない反応を回避したり、複数の認知的処理を柔軟に切り替えたりしなければならない。これは実行機能と呼ばれており、新しいシステムの大きな認知容量に支えられている(5)。

大きくなった認知容量、いいかえれば進化的に新しいシステムは、モジュール性を超えて機能し、それによって人類は文化や文明を自らの目標達成の道具として創り上げていくことができるようになった。したがって、野生環境で進化した脳がどのようにして現代文明を創り上げたのかという問題に対して、野生環境における大きな集団の維持として適応的に増大した新皮質あるいは認知容量が柔軟で汎用的な思考を可能にし、おそらく副産物として現代文明を創り上げたと暫定的に回答できる。ちょうど特化した課題を解決するために容量を増大させたら、それ以外の機能も可能になった汎用コンピュータのようなものである。そうすると、進化的に新しいシステムは、柔軟であるだけに、自らの創り上げた現代文明にも適応可能になっているのかもしれない。しかし、そこまで楽観視してもよいかどうかは、本書を通して議論することにしよう。なぜならば、私たち人類は、「こういう製品を作れば利益になるのではないだろうか」とか「こういう制度を作れば社会全体が良くなるのではないだろうか」という思い込みで、不利益になる製品、あるいは不幸になる制度を数多く作ってきたからである。不幸とまではいえなくても、コミュニティ全体がかなり我慢を強いられるような制度も少なからずある。また、この我慢についても個人差があり、税金が我慢できない人もいれば、国民の義務と思っている人もいる。また、刑罰について防犯になると安心している人もいれば、厳しすぎて不自由だと感じている人もいる。大きなコミュニティになると、コミュニティメンバー全員が満足するような制度は実質不可能なのである。この製品や制度の不備を改良していくことができるのは進化的に新しいシステムなのだが、大きな問題は、ではこの進化的に新しいシステムは万能なのかという点である。次の章で、この問題について、進化的に古いシステムと新しいシステムがどのような関係にあるのかという視点から議論しよう。

3章 謀反、共存、あるいは従僕？

3－1　進化的に新しいシステムは進化的に古いシステムを制御できるのか

野生環境で進化した脳が文明社会に適応しているのかどうかを議論するために、この章では、2章で紹介した二重過程理論の、進化的に新しい高容量システムが進化的に古いシステムからの出力を修正していけるのかどうかという点を議論する。進化的に古いシステムからの出力は、野生環境には適応的だったかもしれないが、現代社会においては不適応であることがたびたびである。したがって、もし進化的に新しいシステムが古いシステムからの出力を非常に柔軟に修正していくことが可能なら、適応はスムーズで、困難と感じることはないはずである。しかし、修正が難しいとすれば、現代社会における適応の困難や不適応は、そこに問題があると推定できるのである。

進化的に新しいシステムは、認知容量の増大の結果として、当初の用途、すなわち解決すべき適応課題の範囲を超えて威力を発揮するようになっている可能性が高い。二重過程論者は、この新しいシステムの領域固有性を超えた汎用性に着目している。本書において、この二重過程理論を視点の中心においている理由は、この進化的に新しいシステムが万能的に汎用性を備えているのかどうかが、現代文明に私たちの精神が適応できているのか否かの判断の鍵だからである。

二重過程論者は、当初は万能汎用性派であった。なぜならば、進化的に古いシステムが自動的に何かを処理して意識に上らせてきた情報を、意識で制御しながら修正できるという楽観的な立場からスタートしているからである。この視点に立てば、新しいシステムは領域普遍的な刺激に対応可能、いいかえればどのような環境にも適応可能なわけで、新しく創り出された現代文明に、その恩恵を享受しながら適応できていくと考えられる。たとえば他者の行動という領域にしか反応しなかったマインドリーディングマシンが、架空の物語の主人公の心情を読み取ったり、机に置かれているクマのぬいぐるみへの愛情を感じるように機能したりするようになる。領域固有の制約が徐々に解かれてきたのは、この進化的に新しいシステムによる可能性が高いのである。

この対極にある立場は、進化的に新しいシステムは、単に古いシステムからの出力を合理化するだけであるとするものである。つまり、人間は大きな認知容量とともに言語や思考力を進化させたかもしれないが、これらの言語や思考は、進化的に古いシステムからの出力を表現したり、合理化したりするのに使用されるだけだという。そうすると、進化的に新しいシステムによって、進化的に古いシステムによる直感や選好を自分自身で説明できるようになったかもしれないが、その直感や選好は野生環境由来なので、現代の文明社会において適応的ではない可能性が生じてくる。また、現代の文明社会も、基本的に進化的に古いシステムからの出力をもとに、それを言語化して自分に、あるいは他者に説明することによって創られたということになる。

3−2　謀反あるいは同士討ち？

進化的に新しいシステムが古いシステムからの出力を修正できるのかどうかという問題は、二重過程論者の中で延々と議論されてきた。推論研究者が考えた初期の二重過程理論では、進化的に古いシステムからの出力を、新しいシステムが修正すると想定されていた。確かに、新しいシステムがその認知容量を駆使して、汎用性がある機能を発揮すればそれも可能かもしれない。しかし、その機能は、場合によっては、遺伝子に対しての謀反となる可能性もある。なぜならば、進化的に古いシステムにおけるさまざまなマシンは、進化的に新しいシステムの機能と比較して、個体の生存や繁殖により直結したものが多いからである。したがって、新しいシステムが可能にした柔軟な思考や高度な思考は、遺伝子の生存にとって不利になる場合が多いのである。

現代文明において生ずる危機は、経済的危機や職務上の危機、人間関係の危機など、対処の方法が複雑である。こういう状況では柔軟な思考が重要だが、野生環境における危機には、捕食される危機など、選択肢は複雑ではないが迅速に対応しなければならないものが多い。たとえば、洞窟の中で眠っているときに、洞窟の前に黒い影を見つけたとしよう。進化的に古いシステムなら、すぐに危機管理マシンが起動して手に武器を持つとか、逃げるとかすばやい行動を可能にしてくれる。しかし、新しいシステムが機能すると、黒い影の正体は何なのか、正体を知るためにはどうすればよいのかなどのゆっくりとした思考モードになる。これでは命を落とす可能性が高まり、少なくとも野生環境では遺伝子への「謀反」となる。

進化的に古いシステムは、短期的な目標追求のために設計されている。たとえば、快楽のためにチョコレートを食べるという短期的な目標について考えてみよう（食欲にマシンという表現が用いられることはあまりないが、これは確実に進化的に古いシステムからの出力である）。飢餓のリスクが常に高かった野生環境において、人類の脳は高カロリーな食品を美味しいと感ずるように進化したが、これは自らが持つ遺伝子の利益に合致した適応である。しかし現代社会では、少なくともある程度豊かな国で餓死する人はほとんどおらず、むしろ長期的には、高カロリーな栄養過多で健康を害する可能性がはるかに高い。この事実を考慮に入れ、すなわち長期的な健康を保つためにチョコレートの食べ過ぎという短期的な目標を我慢するという行為は、進化的に新しいシステムによる古いシステムからの出力の抑制である。より正確にいえば、欲求という出力の抑制というよりは、欲求に従った行動の抑制である。これも、エネルギー補給を欲している遺伝子に対する謀反といえる。

概して、進化的に新しいシステムは、長期的な展望を可能にしてくれる一方、進化的に古いシステムは、短期的な目標を遂行するのに適している。古いシステムは大きな認知容量に支えられているわけではないので、長期的な展望をすることができない。また、長期的な展望の必要性は、野生環境におけるよりも文明社会におけるほうがはるかに高いといえる。長期的な目標のために短期的な目標欲求を抑制するということは、人間の発達においても見られる現象である。つまり、幼児期には短期的な目標からの欲求、たとえば、上記のように目の前にあるチョコレートを我慢できないが、これが成長するとできるようになる。一般に、進化的に古いシステムは乳児期から機能し始めることが多いが、進化的に新しいシステムは、環境における経験に依存して、発達的に成長した段階で現れる傾向がある。

認知的な発達においても、進化的に古いシステムのマシンからの出力が抑制されるか否かについて、活発に議論がなされてきた。ノーム・チョムスキーやジャン・ピアジェは、進化的に新しいシステムという用語は使用していないが、人間の生得的な論理性を想定して、それが発達とともに徐々に出現するという立場をとっている。チョムスキーはコンピテンスという概念を提唱しているが、これは人間に潜在的に備わった言語能力で、言語、とくに文法が獲得されるさいの基礎になっていると推定している。またピアジェは、彼の認知発達段階説において、12〜13歳くらいになると、形式的操作と呼ばれる抽象的な論理に基づく推理・推論が可能になると推定している。ちょうど、中学生になって、XやYの変数概念や、ユークリッド幾何が理解できるようになることに相当すると考えればよい。ピアジェによれば、これは人間に生得的に備わっている論理的思考能力で、適切な環境において発達とともにそれが出現してくると考えられている。このような能力が出現してくることは、進化的に古いシステムからの出力、この場合は直感的な論理的誤りということになるが、それが進化的に新しいシステムによって修正されるということとほぼ同義である[39]。

また、抑制されると主張する研究者は、新しいシステムの認知容量に注目している。そして、認知容量が大きい人々は、古いシステムからのバイアスをより修正可能であるとも推定されている。現時点で、進化的に新しいシステムの認知容量を最も反映していると考えられているのは知能指数であるが、キース・スタノヴィッチは、知能指数を測定していると考えられるテストの得点の高い人が、推論の課題解決において認知的なバイアスの影響を受けず、正答を導きやすいことを発見している(47)。すなわち、13ページの図2－1のウェイソン選択課題でも、知能指数が高いとされる大学生の正答率が高かったのである。

私たちは、主観的には自分の意志は自分で制御できると信じており、それは遺伝子とはある程度独立なのではないかという直感を持っている。そして、この自由な意志によって、さまざまな行動をとることができると信じている。場合によっては、進化的に古いシステムが目標としている遺伝子の適応をぶち壊すような行動になることがある。この最たる例が自殺であろう。一般に想定される謀反は、進化的に古いシステムからの出力が、進化的に新しいシステムが考案した道徳的規範や論理学等に一致しないために引き起こされるものである。しかし自殺は文字通りの謀反である。

自殺は、進化的に新しいシステムが何らかの絶望を感じたり、あるいはソクラテスや三島由紀夫のように何らかの信念に殉じたりして、遺伝子の利益を完全に否定する行為である。人類以外に自殺をする生物は皆無で（以前、レミングが集団自殺をするといわれていたが、これは誤りである）、新しいシステムにおける二つの要因がかかわっていると考えられる。第一は、認知容量の増大によって、長期的な視点でものごとを考えることができるようになったという点である。これが可能になるためには記憶力が必要だが、記憶力も認知容量の増大に比例している。進化的に古いシステムは短期的な目標を追求する傾向にあるが、進化的に新しいシステムは長期的な目標遂行を可能にしてくれる。これによって、人類は、人生の長期的展望がある程度可能になった。しかし、未来には必ずしも幸福なことだけではなく、嫌なことも多々生じてくる。今後の人生が嫌なことの連続であると認識できれば、自分の人生を閉じたいと考えるようになることもあるだろう。これが、ホモ・サピエンスを、自殺を可能にする動物にした一つの要因である。

さらに、それに追い打ちをかけた第二の要因が、人生に限りがある、あるいは死すべき運命にあること、すなわちモータリティの自覚であろう。この自覚が人類の進化の過程の中でいつ生まれたのかについては、議論がある。少なくとも、宗教的な心性が絵画や創作作品の中に現れるようになった3万年～4万年前のころには芽生えていたであろうことは推定できる。自分が死ぬということがわかっていれば、自殺してもしなくてもどっちみち死ぬことになるので、自殺へのハードルが低くなるわけである。

進化的に古いシステムの出力を抑制あるいは変更する例は、もっと多いのではないかと思われるかもしれない。遺伝子の生存確率を上昇させる「自分がしたいこと」を、他者からの非難を考慮して我慢するというような状況はその好例ではないだろうか。たとえば、食べ物を独り占めしたいという衝動を仲間からの非難を避けるために抑制するという場合を考えてみよう。食べ物の独り占めは、生存の可能性を高めるので、自らの遺伝子を残すのに有利でかつ適応的である。しかし、現代ではそのような行動をとることは、モラルに反するだけではなく、場合によっては犯罪とされる場合もある。ただし、このモラルは必ずしも現代文明における進化的に新しいシステムの所産というわけではない。文明化されていない狩猟採集民などにおいてもよく観察されるタブーで、おそらく20万年前以来、ホモ・サピエンスに普遍的に見られたことであろう。

この問題を考えるにあたって、2章で述べた野生環境適応のために進化したマシンと区別された社会的哺乳類として進化したマシンについて再度確認しておこう。この例は、進化的に適応的な古いマシンの出力を、進化的に新しいシステムが抑制するという構図ではなく、抑制する側も進化的に古いとされる社会的哺乳類として進化したマシンによるととらえたほうが適切である。食べ物の独り占めのような自分勝手な欲求の満足は、多くの場合、社会的契約・交換マシンによって、不公平あるいは騙しと判断される。その場合、彼らの怒りを引き起こし、バッシングを受けて排除される可能性が非常に高い。社会的哺乳類は、集団の外では生きていくことができなくなるので、このような排除は生存のためにも避けなければならない。野生環境適応のために進化したマシンも社会的哺乳類として進化したマシンも、二重過程理論においては、どちらも低記憶容量の古いシステムに含められている。社会的哺乳類として進化したマシンは、霊長類の社会で適応的という点で、野生環境適応のために進化したマシンよりも相対的に新しいかもしれない。しかし、進化的に古いシステムのマシンを用いての抑制ということになるので、謀反というよりは同士討ちに近い。

最後通牒ゲームと呼ばれる分配のゲームの例を考えてみよう。このゲームでは、たとえば10万円というお金をAとBという二人で分配するのに、Aには配分の提案権が、Bには提案された配分への拒否権が与えられる。Aは配分を提案できるが、Bはそれを許諾するか拒否するかである。許諾すればAの提案通りの配分となり、拒否すればAもBも何ももらえなくなる。このゲームにおいてBが自分の利益を最大化しようとすれば、自分の取り分がゼロでない限り、どのような提案でも受け入れるほうが合理的である。しかし、あなたがBの立場で、もしAが9万9０００円、あなたが1０００円という分配案を提案してきたらどうだろうか。おそらくほとんどの人は拒否するのではないだろうか。

1000円というお金（学食ならランチを2回食べることができる）を犠牲にしてまで、大げさにいえば生存確率を下げてまで多くの人が不公平な分配を拒否するというこの現象は、Aに対する不公平感から生ずる怒りによるものである。[22] 拒否は、Aの不公平さへの怒りの表出だが、これにはどのような合理性があるのだろうか。現時点での最も妥当な解釈は、「ナメられないこと」であると考えられている。つまり、ここでホイホイと1000円を受け取るような人間は、今後もナメられて周囲からそのようにしか扱われない可能性が高いというわけだ。さらに、Bがこの程度で満足する人間だということをAが周囲に吹聴すれば、Bは集団の中で、低い階層に位置づけられてしまう可能性がある。集団内の階級闘争の勝利は、霊長類からの伝統を受け継いだ進化的に古いシステムの目標なのだが、1000円を受け取る程度で満足していては、とてもこの闘争に勝利することはできない。このような観点から、この拒否は、1000円を放棄することになるので、1000円への欲求という進化的に古いシステムの出力を、不公平さへの怒りから、あるいは自分の評判を気にして我慢するという構図で説明できる。不公平さへの怒りの表明や評判を考慮するという行動は、そもそも集団を作らない、あるいは作ることができないような動物には不可能で、複雑な脳を持った動物にしか見られない。しかし、これは進化的に新しいシステムによる1000円の放棄ではなく、進化的に古いシステムのうちの社会的哺乳類として進化したマシンによるものなのである。

感情は、進化的に古いシステムからの直接の出力であることが多く、次の節で述べるように修正されにくい。しかし、回顧的に振り返ったときに、過去の不快な感情を修正する可能性が指摘されている。ある個人がそれまでの人生で経験してきたさまざまな出来事についての記憶は心理学では自伝的記憶と呼ばれ、自伝的記憶研究においてそのような事例が報告されている。たとえば、繰り返し離婚を考えていた女性が老年期に入り、夫と死別後に人生を振り返ったとき、「彼は良い夫で自分は死ぬまで愛していた」と振り返るようなエピソードが報告されている。辛い経験から直接生じていた感情は古いシステムの出力であろう。しかし、それを回顧するときは、人生という物語が作られる。この自分自身の物語によって、自分自身の中で新しい感情が生まれ、辛い感情を上書きするわけである。したがって、これは、自分を物語にしたときのマインドリーディングの出力による上書き、すなわち進化的に古いシステムによるものということができる。マインドリーディングマシンが適用される領域は、元来は人間の行動である。しかし、5章で物語の効果について再度述べるが、それが拡張されると架空の物語にさえも適用されるようになる。この修正は、自分の物語に対するマインドリーディングであり、そこから喚起される感情も強く、古い記憶からの不快な感情を抑制できるのである。

さらに、このようなことはもう少し短いスパンでも確認されている。たとえば、大学生にとって受験は、ストレスや焦りを伴い、苦手な教科も勉強せねばならず、かなり不愉快な経験である。ところが、彼らがその自伝的記憶を語り直すと、受験勉強時に経験していたはずの否定的な感情が肯定的な評価に変化したのである[29]。この語り直しの中で、肯定的な思い出に変化していくのだが、自伝的記憶の想起そのものが一種の語り直しともいえるかもしれない。この語り直しも、前述の例のように、マインドリーディングマシンを起動させることになる。したがって、経験から直接感じていた否定的な感情を、進化的に新しいシステムが抑制したというよりも、マインドリーディングマシンを機能させて美しい物語に書き換えることによって修正したと解釈することができる。

さらなるミクロスパンでは、ピークエンド規則が知られている。ドナルド・レーデルマイヤーとダニエル・カーネマン(42)は、大腸内視鏡検査を受ける患者に、検査中一分ごとに痛みを評定してもらい、さらに最後に痛みの全体評価をしてもらった。一分ごとのデータからは、検査の経過時間中にどの瞬間が痛かったのか推定できる。当初はその総和や平均が全体評価になると予想されていたが、実際には、最も大きかった痛み（ピーク）と最も小さかった痛み（エンド）の平均だったのである。検査が長くかかっても、大きな痛みの後に徐々に小さな痛みに変化した患者のほうが、短い時間の大きな痛みの患者よりも、全体的には痛くなかったと報告したわけである。つまり、直接的な痛みという進化的に古いシステムからの出力も、その後のあまり痛くない経験によって、何らかの解釈、いいかえれば物語ができ、古いシステムからの出力である痛みの主観的体験が緩和されたといえるのである。

実はこのように考えると、自殺も謀反というよりも同士討ちという見方もできるかもしれない。つまり、自分の現在あるいは将来を客観的に把握するというよりは、何か主観的な物語を作ってしまったがために自殺に至ったという解釈も可能である。つまり、マインドリーディングマシンが自分の人生を悲劇の物語にして、それに共感的に同情した結果ともいえるわけである。このように解釈すると、さまざまな古いシステムからの出力の修正や抑制は、謀反なのか同士討ちなのかという判断は難しくなるかもしれない。理論的には区別は可能かもしれないが、現実の事例においてどちらからの影響が強いのかという判断は困難で、どちらか一方で解釈しないほうが良いかもしれない。

3-3　共存あるいは従僕？

すでに述べたように、古いシステムからの出力は、強い感情を伴っていることが多い。たとえば、社会的契約・交換マシンの出力である違反者に対する怒り、危機管理マシンからの恐怖が代表的なものである。さらに、マインドリーディングマシンからは、対象者からの悲しみや喜びに共感する強い感情が生まれる。このような場合には、新しいシステムによる修正や上書きは比較的困難で、たとえば、古いシステムと新しいシステムからの出力は、それぞれ別個に作用すると推定される。いわゆる、頭では問題ないとわかっていても（進化的に新しいシステムでは理解できても）、「怖い」あるいは「嫌い」という状態である。

たとえば、経験的に、口の中の唾液は飲み込むことができるが、コップにためた自分の唾液を飲み込むにはかなり抵抗を感ずる。一般に、唾液などに対して不潔と感ずる恐怖は、進化的に古いシステムの危機管理マシンからの出力と解釈することができる。一方、進化的に新しいシステムは、コップの唾液も口の中の唾液も同じだとし、どちらも不潔ではないと判断する。しかしこのように判断を下してもコップの中の唾液は不潔という恐怖はほとんど小さくならない。「気持ち悪い」という感情を消すことは困難なのである。

また、さまざまな恐怖感情を引き起こす迷信にも、同じようなことがいえる。たとえば「友引の日に葬式をしてはいけない」や「仏滅の日に結婚式をあげると不吉である」というような迷信について、進化的に新しいシステムは何の根拠もないという判断を下す。しかし進化的に古いシステムは、この六曜（先勝、友引、先負、仏滅、大安、赤口）に基づくルールを守らないと不安や恐怖を感じてしまう。友引は、もともとは「共引」で、「勝負がつかない」という意味だった。しかし、陰陽道に、ある方向に事を行うと災いが友に及ぶとする「友引日」というものがあり、これが六曜の友引と混同され、この日に葬式を行うと友が冥土に引き寄せられるという迷信を生んだと推定されている。そして、現代の日本でも、一部の例外をのぞいて、友引の日に葬式をしないという葬儀会社は多い。仏滅の結婚式は、友引の葬式よりもタブー度は低いかもしれない。しかし、結婚式場には仏滅割引で、最大半額というところもあるにもかかわらず、まだまだ仏滅に結婚式をあげるカップルは少ないようである。100万円かかる挙式・披露宴を50万円で済ませ、その差額で新婚旅行を豪華にしたり、すばらしい家具を買ったりという選択肢もあるはずなのだが、それを選ぶ強者カップルは日本では少ないようだ。

迷信からの恐怖には危機管理マシン由来のものもあるだろうが、迷信的タブーについては、社会的契約・交換マシンがその源泉である可能性もある。つまり、守るべきルールがあり、そのルールに従わなかったときに、何らかの罰を受けることの恐怖というわけである。一般に、迷信の場合は、守るためのコストが大きかったり、守らなかったときに受ける罰のコストが小さかったりする場合にだんだんと廃れていく。しかし結婚と葬式の場合は、受けると信じられている罰（離婚や友人の死など）があまりにも大きいために、根強く残っているのだろう。

宗教行事は迷信とは区別する必要があるが、非合理的と思いながらも存続しているものが多い。なお、宗教が進化的にどのような意味で適応的であったかについては膨大な議論がある。それらについてはここでは割愛するが、それらの結論を集約すれば、共通の神様を信ずることによって、「神様が見ている」という感覚を引き起こし、集団メンバーを互いに利他的にして集団の結束力を高める点で有利になるということだ。いわゆる150人というダンバー数を超えて大きな協同を可能にしてくれるわけである。

宗教行事にはコストを要するものが多いが、中には死者が出るものがある。たとえば、勇壮な山車で知られるだんじりは、大阪の岸和田のものが有名である。山車を走らせるのは非常に危険で、岸和田においては、近年では、1992年、1993年、1994年、1996年、1998年、2002年、2016年にそれぞれ死者が出ている。事故があるたびに注意喚起はなされるが、だんじりをやめようという声は起きない。また、弁護士による告発で有名になったものとして、諏訪神社の御柱祭がある。六年に一度行われるこの祭りでは、神木のための木が伐りだされるのだが、最も危険なのが、氏子を乗せたまま大木を急な坂を滑り下ろす「木落し」と、人が乗ったまま木を垂直に立てる「建て御柱」である。これによって、1974年、1986年、1992年、2010年、2016年に氏子が亡くなっている。これがあまりにも人命軽視であるということで、ある弁護士が祭りの事実上の中止を命ずる仮処分の申し立てを行ったが、最高裁によって棄却された。これらの例は、実行によって、人の死という非常に大きなコストが予想されるにもかかわらず、また客観的には中止にしたところでそんなに大きな損失はないように思われるにもかかわらず行われているという点で特異である。死者が出るのは大きな問題であるということは頭ではわかっているが、おそらく古いシステムからは続けたいという出力があるのだろう。あるいは行事を取りやめたら、もっと大きな厄災があると信じられているのかもしれない。

また、2章において、社会心理学者が行っている、潜在連合テストによって測定される進化的に古いシステムの態度と質問紙によって測定される進化的に新しいシステムの態度とを比較した研究について述べた。アフリカ系米国人への差別について、高等教育を受けると進化的に新しいシステムでの差別感情は減少するのだが、潜在連合テストで測定される古いシステムの差別感情はあまり変化がない。つまり、黒人に対する差別は良くないし、この差別の根拠は非合理的であると頭ではわかっていても、この新しいシステムによる出力は、古いシステムにおける、「黒人イコール悪い」という強固で自動的な連合を解除することができないのである。古いシステムの出力が新しいシステムによって抑制されるわけではなく、両者からの出力が併存したままであるということがいえるだろう。

進化的に新しいシステムが古いシステムの出力を修正するとする見方の対極にあるのが、進化的に新しいシステムは、古いシステムからの直感的な出力の合理化を行っているにすぎないという主張である。つまり新しいシステムは、古いシステムの従僕というわけである。このような傾向は、好悪判断や道徳判断の領域でよく見られ、これを主唱している一人にジョナサン・ハイトがいる。彼の研究で、たとえば「兄と妹の合意のうえの、注意深い避妊を伴ったセックス」や「死体焼却担当者が『焼いて骨だけにするのはもったいない』とその人肉を食べる」というストーリーが与えられて、善悪判断が求められたうえで、その理由が質問された。実は、これらの行為は、誰にも迷惑をかけていない（近親相姦は日本では刑法に違反しないが、後者の場合は死体損壊罪となる。ただし、「食べる」だけなら違法ではない）のだが、多くの人が嫌悪感を催す。この嫌悪感は、2章で紹介したマシンには直接は当てはまらないが、進化的に古いシステムからの出力である。理由を問われて、新しいシステムが「誰にも迷惑をかけるわけではなく、本人が満足するならかまわない」と判断して、これらの出力を修正できれば嫌悪感は消失するかもしれない。しかしハイトの実験結果からは、「いくら注意深く避妊をしても失敗して奇形児が生まれる可能性があるのではないか」というように、古いシステムの出力からの嫌悪を正当化するような回答しか得られなかった[23]。このような傾向は、古いシステムの出力が強い感情を伴っている場合に多く、まさにデヴィッド・ヒュームが言うように、理性は情念の奴隷なのである。

この合理化の程度には、時代や文化の影響もある。社会的契約・交換マシンは、ウェイソン選択課題の特定の形式を正答に導いてくれるが、日常生活で柔軟性を欠くと悲劇の元になることもある。たとえば、敵討ちは一種の社会的契約・交換である。正確には、「目には目を」のような被害の交換というよりは、「お互いに命を尊重する」という暗黙の規則を破った相手に対する罰であり、古いシステムからの出力は相手に対する処罰感情である。仇討ちが認められていた江戸時代なら、親を殺された子どもが仇討ちをしなければ怒りが収まらないようなとき、自分が正義であると思い込んで殺人を実行することになる。実際、江戸時代には、届け出制による幕府公認の敵討ちがあった。つまり、新しいシステムは古いシステムからのこの怒りを法律として合理化しているという点で、従僕であるといえるわけだ。

しかし、現代では私的な殺人として禁じられていて、法律が代わりに罰してくれることになっている。この文化的習慣によって、自ら仇討ちをしようと思う人は現代ではほとんどいない。たとえば、犯人が死刑の宣告を受けたとしても、絞首刑のためのロープをかける役目を担いたいと望む遺族は皆無だろう。処罰感情は同じなのかもしれないが、それを「犯人を殺してもよい」と合理化はされなくなっている。進化的に新しいシステムは、江戸時代なら古いシステムの従僕だったかもしれないが、現代では合理化する力は弱くなっているといえるだろう。

3-4　3章の暫定的な結論

以上のような結果から、進化的に新しいシステムは、決して万能な汎用的システムなのではないと結論づけられる。とくに、進化的に古いシステムからの出力には比較的強い感情が伴っていることが多く、その場合には、両システムからの出力が並行したままであったり、また新しいシステムが、古いシステムからの出力の単なる合理化を行うにすぎなかったりという状況が生まれてくるのだろう。かといって、進化的に新しいシステムが無力だと考えると、今度はこの現代文明がどのように作られてきたのかという疑問に答えることができない。また、江戸時代と現代の遺族の処罰感情の違いも説明できない。そこで本書では、現代文明の形成に至る過程において、進化的に古いシステムと新しいシステムがどのように機能したのかを議論すると同時に、江戸時代と現代の違いにあるように、歴史的視点から、進化的に新しいシステムが進化的に古いシステムを飼いならしてきたのではないかという点について考察してみたい。

本章の暫定的な結論として、もし進化的に古いシステムからの出力を修正できているとすれば、

「同士討ち」が多いのではないかと推定できる。つまり、強い感情を抑制したり、修正したりするのは、同じように強い感情を持った古いシステムのマシンということになる。とくに、マインドリーディングマシンは、共感や同情を喚起して修正する力がある。また、社会的契約・交換マシンは、不正に対する大きな怒りをもたらす。これらの影響を次の章で考察し、5章で歴史的変化を紹介してみたい。

4章　協力と交換による繁栄へ

4-1　協力へのマインドリーディングと社会的契約・交換の機能

現代への歴史的な発展が進化的に新しい精神システムによるものであることは明白である。しかし進化的に新しいシステムといっても、古いシステムからの突然の飛躍があるわけではないし、この新しいシステムが古いシステムを基盤に進化したということを考慮すれば、現代の発展の源泉を進化的に古いシステムに求めるという探求も重要である。とくに、3章で進化的に古いシステムからの出力には修正しにくい側面があるということを述べた。だとすると、人類が現代社会において適応できるのかどうかという問題に、古いシステムの中に現代を創り上げた萌芽を探っていくことも価値があるだろう。

現代を特色づけるものとして、進んだ科学がある。科学的好奇心の進化的な萌芽は、おそらく素朴物理学マシンや素朴生物学マシンにあるだろう。そして、これらの出力が、進化的に新しいシステムによって体系的な自然科学となり、現代文明の発展に寄与してきたことは明らかである。認知発達研究からは、どちらのマシンからの出力も修正されにくいという知見もあるが、教育によって素朴物理学や素朴生物学が科学としての物理学・生物学に変化を遂げていることも確実である。これらの成果は、科学技術として結実し、現代の私たちの生活をたいへん豊かにしてくれている。

本書では、これらの科学技術を創り上げるために、人類にとって協同と分業が不可欠だったということに鑑み、大規模な協同を可能にしたマインドリーディングマシンと、分業を可能にした社会的契約・交換マシンを主として扱っていく。大規模な協同は、人類が他の哺乳類や霊長類と大きく異なる点の一つであり、現代文明を創り上げた推進力の一つである。そして、その大規模協同のための集団において、分裂や集団内不和という問題を解決するのにマインドリーディングマシンが機能した。さらに、集団内あるいは集団の外からのフリーライダー、つまり協同作業に参加していないのにその利益だけをかすめ取る人に対するための法律や道徳律を創り上げることができた基礎に、社会的契約・交換マシンが重要であると考えられる。[15] そのような意味で、進化的に古いシステムの中に現代社会を創り上げた主たる源泉を求めようとすれば、マインドリーディングマシンと社会的契約・交換マシンということになるだろう。どちらのマシンも、社会的哺乳類として進化した人類に重要である。

また、社会的哺乳類としての重要な一面に、順位制がある。一般に動物の集団の中では、餌の取り合いなど、個体間の対立は多い。そのたびに闘争が起きてしまうと、集団は維持できない。そこで予め個体間の優劣を決めておいて、その優劣に従った行動をするようにプログラムされていれば、そのような衝突は少なくなるはずである。順位制は、この優劣をシステムにしたもので、個体間対立という問題を解決するための道具である。よく知られているものに、ニホンザルの順位性がある。以前は、順位のトップを「ボスザル」と呼んでいた。しかし、順位がトップのサルは、リーダー的な行動はとることがあるが、下位の個体に命令をしたりするわけではない。順位の最も大きな意義は、摂食と交尾の優先権であり、下位の個体は上位個体よりも先に餌を食べてはいけない。ということで、現在では、トップをアルファと呼ぶことが慣例になっている。

デニス・カミンズは、許可や禁止の推論とマインドリーディングは、この順位制への適応としても有利であったと推定している。各個体、とくに順位が低い個体は、順位と摂食や交尾についての許可や禁止の関係を推論しなければならない。どのようなときに食べてもよいのかについて、たとえば、「もし食べ物を採るならば、それはアルファ個体が食べた後でなければならない」とか、「もしアルファ個体が食べた後ならば、食べ物を採ってよい」という規則を用いて推論しなければならない。これは、社会的契約・交換の変型であるともいえる。つまり、順位階層の中で上位を維持することはコストがかかるが、そのコストを支払えば、食料や交尾という利益が得られるわけである。このような規則を守らないと、集団から排除されるか、へたをすれば殺されてしまう(8)。

順位制は闘争を避けるという点で適応的かもしれないが、下位に位置してしまうと、食料にありつけなかったり交尾ができなかったりして、個体としての生存・繁殖は極めて不利になる。また、チンパンジーの中には、上位の個体にいじめられたりすると、ストレスで不妊になってしまうメスもいる。かといって、順位の無理な上昇は、集団の結束に脅威を招く可能性もある。したがって、順位制がある集団の中では、下位の個体は、いかに上位の個体を欺くかということが鍵になり、一方、上位の個体はいかに下位の個体の欺きを見抜くかということが重要となる。有名なものとして、食べ物をある場所に隠した子どものチンパンジーが、大人の力の強いチンパンジーにそれを取り上げられないようにするために、わざと「実際には隠していない場所」を気にしている素振りを見せたという例がある。これは、子どものチンパンジーが、マインドリーディングを駆使して上位の個体を欺いた例である。[34]

実際、マインドリーディングマシンは、この順位制を崩壊させる力を持っていたと推定される。順位制は、マインドリーディングマシンをある程度持っていると考えられているチンパンジーやボノボのほうが、ニホンザルよりも弱い。その理由は、力が弱いとされる下位の個体同士で同盟することが可能だからだと考えられている。つまり、単なる個体間の身体の大きさや強さによって永続的な順位が決定される傾向が弱くなり、個体同士がどのように同盟するかによって順位が影響を受けるわけである。この同盟には、マインドリーディングが大きな武器になる。そして、マインドリーディングがほぼ可能になったホモ・サピエンスに至って、かなり平等な社会が形成されたのではないかと推定されている。ホモ・サピエンスがはじめから平等社会志向であるとする根拠は、現代の狩猟採集民の多くの部族において、たとえ特定の男性の狩猟技能が高くても、獲物の肉はかなり平等に分配されることが期待される規範が観察されるという点にある。そしてホモ・サピエンスが約1万年前に農業を開始する直前の最終氷河期の生活スタイルは、現代の狩猟採集民のものと似ていたと推測されている。したがって、古代から中世にかけての身分制度は、農業革命以降の貧富の差によるものであって、サルや類人猿の順位制をそのまま受け継いでいるわけではない。

人類と最も遺伝的に近いチンパンジーでも、やはりマインドリーディングマシンの機能は十分ではない。また、社会的契約・交換マシンについても、人類のように柔軟には機能しない。2章において、チンパンジーなどが行う毛づくろいが社交であるということを述べたが、本来は衛生などのために行われる行為である。チンパンジーでは、毛づくろいをしてもらったら、してくれた相手にお返しにしてあげるなどの行動が見られ、原初的な社会的交換とみなすことができる。しかしチンパンジーは、同様に原初的な社会交換である物々交換を学習するのがかなり困難である。物々交換では、交換と見せかけての強奪や、偽物をつかまされる可能性は極めて低いので（狩猟採集環境で、偽物がどのような形で存在するのか想像しにくい）、騙される確率はゼロに等しい。また、物々交換は適切に行われれば、双方にとってたいへんメリットがある。それにもかかわらず困難ということは、おそらく、双方にとってメリットがあるような交換を行うには、その結果を見通して自分の所有物を手放すということが、人類に特有なかなり進化的に新しいシステムによって支えられた結果であると推定できる。

社会的契約・交換マシンは、大きくなった集団の結束を高めるという点でも有利である。霊長類における相互の毛づくろいは、人間でいえば他愛のないおしゃべりのようなもので、相手との関係性の構築と維持に非常に有効である。毛づくろいそのものが快であるだけではなく、「してもらったらしてあげる」という社会的交換を通して、個体間の関係が強まるわけである。ちょうど人間における贈答の関係にも相当する。この点は、マルセル・モースの『贈与論』にまとめられている。[36] 彼は、民族誌学的資料などから、贈与と交換について、どのような明示的あるいは暗黙的な習慣が生じているのかを考察し、物品を与え、返すのは、互いに敬意を与えあうためであると主張している。そして、贈与は双方的な結びつきを強め、集団間では戦闘を防ぎ、集団内ではメンバー同士の結束を高めるわけである。

マインドリーディングマシンと社会的契約・交換マシンは、このようにして、大きくなった、あるいは大きくなりすぎた集団を結びつける機能を果たしてきたと考えられる。これら以外に、宗教も同じような役割を担っていたのではないかと考えられる。宗教自体が非常に大きなテーマなので、ここでは詳細には触れないが、最も原初的な形式はシャーマニズムである。これは、超自然的存在、すなわち祖霊、神霊、精霊、死霊と交信するシャーマンを中心とする宗教形態である。交信によって、シャーマンは予言者としての力を持ち、集団で共有する神話も現れ、祖霊信仰を中心として集団をまとめる力があったと考えられる。

4-2 分業による繁栄

現代は、おそるべき生産の効率化により、一人当たりの食料生産にかける時間はわずかですみ、それによって余った時間を食料以外の生産や、経済活動、政治活動、教育、研究、社交、娯楽に充てることができる。そして、少なくとも産業国においてはそれによってますます豊かになるという好循環が生まれている。この効率化を生み出したのは、分業化とそれによる専門化だが、社会的契約・交換がその基盤になっていると推測できる。

しかし、すでに指摘したように、チンパンジーは、最も原初的な物々交換でさえも学習が困難である。一方で人類の場合は、少なくともある程度は汎用性がある認知容量の増大によって、交換についてのさまざまな学習が可能になったと推定できる。そして、社会的契約・交換マシンの中に組み込まれている騙し屋を検知するシステムが、交換状況で鋭敏に作用しているといえるかもしれない。

チンパンジーと現代人との間を埋めるミッシングリンクは、アウストラロピテクス、ホモ・エレクトス（直立原人）、ネアンデルタールなどの考古学的知見と、現代では数少なくなった狩猟採集民の文化人類学的知見から垣間見ることができる。交易や贈与の可能性は、石器の作成と関係があるかもしれない。最も原初的な石器は、ホモ・ハビリス（アウストラロピテクス属であって、ホモ属ではないという見解もある）によって、約250万年前に作製されたもので、オルドヴァイ石器と呼ばれる打製石器である。これよりも洗練されたものがアシュール石器と呼ばれるもので、約150万年前にホモ・エレクトスによって作製された。アシュール石器は、ハンドアックス（手斧）に代表され、ちょうど真ん中を握ることができるようになっている。土を掘ったり、木を削ったり、あるいは動物を解体したりするのに用いられたと考えられる。

このハンドアックスが贈り物に使用されていた可能性があると指摘されている。この推定の理由は、大きすぎて実用に適さないようなものが発見されているからである。実用に適さないくらい大きいものは、他の競争相手に負けないくらい凄いものを作ることができるという誇示として、あるいは贈る相手を尊重していることの証しとして用いられたと推定されている。そうだとすれば、ハンドアックスなどを用いた贈答習慣がホモ・エレクトスにおいてすでに確立していたといえるわけである。この贈答習慣と並行するように、実際、約75万年前の野営地の遺跡と推定されるイスラエルのゲシャー・べノット・ヤーコブ遺跡では、日常生活を営む場所と労働のための場所が区別されていたことを示す最古の証拠が発見されている。ここでは、木の実の加工や魚介類の調理が、この遺跡のそれぞれ別の場所で行われており、また、石英などを打ち砕いて先端の尖った道具を作る作業は遺跡内の離れた場所で行われていたと推定されている。この遺跡は、ホモ・エレクトスにおいて、すでに社会的な組織の中での分業が行われていたことを示している。分業と贈答は表裏一体なのである。

現生人類であるホモ・サピエンスが誕生したのは20〜40万年前と考えられているが、その歴史の中の大きな変化は、文化のビッグ・バンと呼ばれる約3〜5万年前の時期である。この時期に、人類のテクノロジーに大きな進歩があり、精神という点でも変化があったと推定されている。テクノロジーとして大きな進歩が見られたのは、石器である。この時期は、後期旧石器時代に分類されるが、槍の穂先に用いられたと思われる鋭い石鏃《せきぞく》、現代のカミソリと比肩しうる研磨による細石器などが作製されるようになった。また、マンモスの牙に代表される、動物の骨や角を材料にした骨角器が精密になり、縫い針や釣り針が発明された。縫い針や釣り針が発明されたということは、何らかの植物繊維が使用されていたということも推定できる。余談ながら、人間に寄生するヒトジラミは、頭につくアタマジラミと衣服につくコロモジラミに分類される。もともとは同一種だったのが、DNAの差異の分析から、この分岐はおよそ7万年前と推定されるが、このことから人類がその少し前の時代から衣服をまとうようになったと推定されている。コロモジラミは、人間の衣服にのみ付着しているからである。この縫い針の発明によって、哺乳動物の毛皮を縫い合わせて衣類にすることが可能になり、ヨーロッパやシベリアなどの寒冷地での生活が適応的になった。この衣類は、ネアンデルタールの、縫製をせずに頭からすっぽり被るだけの毛皮よりは格段に暖かい。ホモ・サピエンスがヨーロッパでネアンデルタールよりも適応的であった点の一つであろう。

さらに精神の変化の指標として、宗教と芸術の誕生がある。アルタミラやラスコーなどの洞窟壁画、宗教的なシンボルと思われる発掘物がそれを物語っている。また、狩猟採集時代の豊穣と関係があるのではないかと思われる、女神像も見つかっている。

このような変化の背景として、どのような要因が考えられるだろうか。約6万年前に人類はアフリカを出て世界中に拡散していき、徐々に人口が増えだしたのがこの時期である。スティーヴン・ミズンは、『心の先史時代』の中で、人間の知性の変化が大きな要因であると推定している。[35] 2章において、進化的に古いシステムと新しいシステムを仮定する二重過程理論を紹介したが、ミズンはこの立場から、文化のビッグ・バンが起きたころ、それまで孤立していたマシン同士の統合が可能になったと推定している。彼は、この変化を認知的流動性の獲得と表現し、たとえば石器を作る知性が、最初は領域固有的だったのが、「○○を作るためには、～の方法を用いる」といった目標と手段を見通した思考として、さまざまな領域にも流動的に適用できるようになったという説明を加えている。さらに、この知性の変化として、ホモ・サピエンスにおける遺伝子的な変化の可能性も指摘されている。とくに、言語や発話に関係すると考えられるマイクロセファリンやFOXP2の遺伝子的変異による誕生によって、コミュニケーションや象徴機能に変化が生じたとも推定されている。

宗教と芸術は、高くなった知性と、新しいテクノロジーによる人口増加の結果と推定できるだろう。3章の自殺の箇所でも述べたが、高くなった知性によって出現した、人生に限りがあるという自覚の芽生えと、では死んだ後はどうなるのだろうという疑問は、宗教の誕生の大きな引き金になっている。宗教と芸術の誕生のもう一つの要因は人口増加である。つまり、人口増加によって集団間の争いが起きるようになると、集団が大きいほうが有利である。そこでより大きな集団を形成し、それを維持していくという適応課題の解決のために、宗教や神話は非常に効果的である。共通の神や神話を信ずることは、コミュニティのアイデンティティを高め、互いに協力的になるだけではなく、別の神や神話を信じている別の集団の人たちを容易に区別できる。この時代における自集団以外の集団は、たとえ友好的に交易をしていても潜在的には敵になる可能性があり、また実際に資源をめぐって敵であったりする。あるいは、敵対時に、自分の属する集団よりも相手の集団の勢力が大きそうだと判断すると、自分たちの集団のメンバーが相手の集団に加わってしまって、自分たちの集団が先細りになる可能性もある。同じ宗教を持つこと、共通祖先の神話を語り継ぐことは、メンバーのこのような流出を防ぐことができる。2章で、チンパンジーが行っているような相互毛づくろいよりも、言語ははるかに効率的に集団のメンバー同士の関係を強めると述べたが、宗教も同じように集団をまとめ、メンバー間の関係を強めるという点で、効率的だったのである。150というダンバー数を超えて大集団を形成し、大規模な協同を可能にしたという点で、宗教は包括適応度の上昇に貢献したといえるだろう。

芸術も、集団の結束を高めるのに役に立つ。作品を楽しむだけではなく、権威の象徴となったり、宗教と結びついたり、また、呪術に使用されたりして、自分たちの集団の結束を高めてくれる。音楽の起源については幾多の説があるが、たとえばシャーマンを中心に原始的な楽器を打ち鳴らしながら集団全体がトランス状態になるような経験は、集団を一体化させてくれるという効能がある。また、絵画は入れ墨やペインティングなどのファッションとも結びついていたはずである。入れ墨などのファッションは、増えてきた人口に伴う集団間の葛藤と関係があると推定される。自分とは別の集団のメンバーは、あなたの集団に協力しないにもかかわらずあなたの集団からの利益をかすめ取るフリーライダーになる可能性が十二分にある。集団が小さく、メンバーを互いに知っているような場合にはメンバーを区別しやすいようにする装置は不要かもしれないが、人口が増えて集団が大きくなると、ある個人がどの集団に属するのか判断が困難になる。そのような状況では、すぐにそれとわかる指標が必要で、部族特有の入れ墨や、特有の衣服のデザインがその役割を果たす。

また、言語の多様化は、6〜7万年前にほぼ同じ言語を話していた集団が世界に拡散して短期間のうちに驚くほど互いに異なった言語を話すようになった結果である。この多様化を促進するのが集団間闘争である。つまり、方言やアクセントの違いが自分の集団メンバーか否かの指標となりえ、フリーライダーの検出に役立つわけである。現代の私たちも仲間内だけでしか通じないような用語や言い方を創作することがあるが、この理由は、意識するしないにかかわらず、自分たちの仲間集団を他の人々から区別することである。もしあなたがこの集団のメンバーではなく、新しく作られた言葉の意味がわからなければ彼らに質問してみよう。親切に教えてくれればその仲間に入れてもらえる可能性が高いが、白けたような雰囲気が漂えば、この集団への参入はやめておいたほうが無難だろう。

文化のビッグ・バンの時代には、集団内あるいは集団間での交易によって分業が可能になり、さまざまな道具や装飾品の作製が専門化して効率的になった。ラスコーやアルタミラなどの洞窟壁画の描き手は、暗黒の中でトランス状態に入りながら作業を行ったシャーマンなのではないかという説もある。いずれにせよ、かなりの技術を要し、壁画を専門とする描き手であっただろうと推定されている。また、南ロシアの約2万8000年前と推定されるスンギール遺跡からは、かなり社会的地位が高いのではないかと推定される少年少女の骨が発見されている。遺体は、衣服や帽子と、マンモスの牙から造られた３５００個のビーズが縫い付けられたブーツを身にまとっていた。このビーズは、一つ作るだけでもかなりの時間を要する。このことは、狩猟採集民にとって最も重要な狩猟採集活動以外に、この作成に多くの時間を割くことができたということを示している。また、比較的階層性が弱いと考えられていたこの時代の狩猟採集民においても、社会的地位の高低が存在したことの証拠にもなっている。被葬者は、他者が長時間かけて作成した装飾品を身にまとうことができる階層に属していたと推定できるからである。これらの分業による専門化は、集団内あるいは集団間の交易、すなわち社会的交換によって可能になったと推定できる。

約1万年前の農業革命は、この分業と専門化を加速している。最初の農業は、中東の「肥沃な三日月地帯」と呼ばれる、エジプトのナイル三角州からレバノン、シリアを経て、チグリス川・ユーフラテス川に沿う、三日月形の地域で起こった。エンマ小麦、ライ麦、レンズ豆などが栽培され始めた。いったん農業が開始されると、ユーラシア大陸の東西に農業文化が伝播し、またそれが相互伝播することによって品種の改良や新しい植物の栽培方法などの進歩が見られるようになった。農耕よりも少し遅れて哺乳動物の家畜化が始まったが、ウシやヒツジの家畜化は農耕や生活のために、ウマやラクダの家畜化は移動や運搬のために利用されるようになった。これは、交易圏の拡大化に非常に大きな役割を果たし、とくにウマを使用した移動や運搬は、当時のグローバル化を促進したと考えられる。また、ウマは征服戦争にも利用することができ、大帝国が生まれる要因の一つとなった。この社会的交換あるいは交易は、偏在している農産物や海産物および資源を広範囲にわたって利用可能にし、食料やその他の道具の生産の分業化を促進した。分業化は専門家を育て、生産を効率化する。生産が効率化されれば生産技術も進歩し、今度はウマ以外の、たとえば船や車両といった乗り物が作られて交易はますます盛んになる。

このようにして、中東から地中海世界にかけては当時の先進地域となった。社会的交換がシステム化されれば、自給自足から脱して、各自あるいはそれぞれの集団が特定の食料だけを生産あるいは採集するという専業化を可能にしてくれる。専業化されると生産効率が増加し、食物生産以外の活動に従事する人が増え、神事を専門に行う神官、織物や銅器、農具などを専門に作製する職人、交換を専門に行う商人が誕生した。このような背景から、ウルと呼ばれる人類の最初の都市は、紀元前5000年ごろに南メソポタミアで生まれた。紀元前4000年ごろになると、この都市化は拡散していき、各地に商業拠点として植民市が形成されて大規模な都市間ネットワークが構築された。また、このような商業取引において騙し屋を検出しやすいように、記録が残されるようになったが、それが楔形文字などの誕生に結びついている。

4-3　現代の分業

大きな集団を作ることは、狩猟採集の時代には敵対勢力との争いにおいて有利だったが、現代では、分業によって高度な専門化を達成するうえでも有利である。したがって、人間の集団は、ダンバーが適正と推定した150名を超えて大きくなってきた。コミュニティ内の分業だけではなく、長距離の交易によってコミュニティ間の分業も可能になってきている。そして、部族を超えてさらに大きなコミュニティができ、最終的に国や国家となった。このような巨大な組織を創り上げていくうえで、さまざまな制度が考案されてきたが、それと同時に発展してきたのが間接的互恵性である。これは、間接的利他主義といいかえても良いかもしれないが、社会的契約・交換を超えて、直接の見返りが期待できない他者に対して利他的にふるまっても、ちゃんと別の人から間接的にお返しをもらえるという互恵性である。いいかえれば、各々が見ず知らずの他者に親切にすれば、その親切は必ずその相手または別の人たちからお返しが返ってくるという状況が作られるわけである。

一般に、互恵的利他性から間接的互恵性あるいは間接的利他性が成立するのは容易ではない。人間以外の動物にはまず不可能である。人間の間接的利他性には、二種類の要因が考えられている。第一は、本章４－１節で述べた、平等への圧力と関係する。現代の狩猟採集民で観察されていることだが、有能な狩猟者でも、獲物を平等に分配しないと、他の集団成員からの非難をあびることになる。この非難が集団内の利他性についてのモラルの源泉の一つではないかと推定されており、間接的利他性をはぐくむことになる。第二の要因は、評判というコミュニケーション手段が十分に確立されていることである。つまり、ある人が見知らぬ他者に対して利他的にふるまった結果、その人が親切であるという評判としてそれが周囲に広がり、別の人から親切にしてもらえる確率が高まるという好循環が不可欠なのである。さらには、その評判を通してパートナーに恵まれれば、繁殖適応度が上昇して、その遺伝子は、その集団の中で有利な位置を占めることになる。

現代社会の間接的互恵性は、この成立の困難性を考慮すると奇跡に近いかもしれないが、ある程度広まっていると思う。この理由は、評判形成のためのコミュニケーションに十分な環境あるいは制度が整っているためであろう。ただし、もちろんフリーライダーはどの世界にも存在し、スタンドプレーによって評判を良くしようという戦略をとる人は存在する。そうなってくると、評判形成に参加する人には、ある利他行動が見返りを狙ってのスタンドプレーなのかどうかを見極めるスキルが必要になる。間接的互恵性成立のためのもう一つの重要な要因は、道徳あるいはモラルの浸透である。すなわち、親切な行為を価値あるものとし、そのような行為に満足感を感じられる習慣の確立が、間接的互恵性を促進しているわけである。モラルについては、次章で再度議論しよう。

現代の繁栄に結びつく分業は、産業革命である。産業革命は、生産が増大してもそれによって人口が増えれば再び貧困に陥るというマルサスの罠から人類を解放したという点で評価できる。マルサスの罠とは、18世紀から19世紀にかけて活躍した英国の経済学者であるトマス・ロバート・マルサスの人口論の中にある議論で、それによれば、食料が豊富になっても、それによる人口の増加が食料生産の増大を上回り、再度貧困に陥るというものである。実際、18世紀までのヨーロッパはその繰り返しであった。たとえば、ヨーロッパではペストなどで何度か人口が激減した。その直後は、生き残った人々にとって社会の立て直しが必要であるが、それを克服するとしばらくは豊かになったのである。しかし、人口が元通りになると、やはり貧困に陥ることになった。このサイクルを打破したのが産業革命で、革命以降は、人口が増えたにもかかわらず、それ以上に生産が増大して豊かになるという好循環が生まれている。(43)

産業革命は、さまざまな要因が重なって起きたことだが、直近の要因として英国における農業革命がある。18世紀の英国のノーフォーク州において、穀類や根菜類、地力を回復させる牧草を、ローテーションを組んで植え、生産性を高める輪栽式農業が確立され、生産性が飛躍的に高まった。これに伴って英国では人口が増大し、かつ都市における工業に従事できる人口を養えるようになった。また、産業革命の源泉とされる科学的イノヴェーションも一部の天才によって引き起こされたわけではない。1764年にジェームズ・ハーグリーブスによって発明されたジェニー紡績機や、1771年にリチャード・アークライトによって発明された水力紡績機が産業革命初期の代表的なイノヴェーションの産物であるが、これらのイノヴェーションとそれによる工業製品の増産は、まず科学的イノヴェーションを生み出す教育環境があり、そのイノヴェーションを理解する人々、そのイノヴェーションに投資をする人々、そしてそれらの工業製品を購買する人々が揃っていなければならない。18世紀における英国ではこれらの条件が整っていたといえる。

その約200年前、16世紀末のエリザベス一世の時代に、ウィリアム・リーという、ケンブリッジ大学を卒業して故郷で牧師の助手をしていた男が、すでに靴下編み機を制作している。彼はその発明について特許を得ようとしたが、エリザベス一世は、与えようとしなかった。その理由は、靴下編み機のすばらしさが女王に理解されなかったためではない。女王は、この機械によって多くの手編み職人が職を失うのではないかと危惧したのである。[27] もし16世紀に、この失職問題を解決できるアイデアがあれば、あるいは失業者を受け入れる別の産業があれば、産業革命はもっと早かったかもしれない。しかし一方で、16世紀のエリザベス一世の危惧は、産業革命時に、海を越えて起きた。産業革命前まではでは、インドでは農民の家内工業として綿布が生産され、そのインド産綿布が英国に輸出されていた。ところが産業革命が起こると、逆に英国の綿工業で生産された安価な機械製綿布がインドに流入するようになった。英国の木綿が安かった理由は、奴隷がアフリカからアメリカ大陸に輸出され、その労働力でアメリカ大陸のプランテーションで栽培された極めて安価な綿花が英国に輸入されるという三角貿易があって、それに産業革命による機械化が加わったためである。そのため、インドの綿織物工業は大打撃を受けて衰退し、半農の織布工はまたたくまに失業し、その家族は飢餓に陥った。そして、当時のインド総督に、「木綿織布工たちの骨はインドの平原を白くしている」とまで言わしめる惨状となった。

一般に産業革命の負の影響というと、炭坑や工場で過酷な条件で働かされる労働者が思い浮かぶかもしれない。しかし、おそらく最も大きな負の影響は、このようにインドの木綿織布工たちへのものであろう。また、米国南部におけるプランテーション化された綿花の農園で奴隷として働かされたアフリカ出身の人々も被害者である。英国においては、産業革命による豊かさによってむしろ農奴的な労働者は解放されている。イノヴェーションによって生ずる現実の問題は、直接的なものというよりも、より間接的な他の産業、あるいは他の国の産業等への影響に現れる。それでもなお、現代の繁栄を物語るのに、この産業革命は欠くことができないものであることはわかる。産業革命は、帝国主義という悪名高いグローバル化にも加担したが、このグローバル化による交易、分業化とそれに伴う専門化を加速させ、科学の世紀と呼ばれた19世紀の、さまざまな発明や発見をもたらしたといえる。

19世紀から現代の繁栄に至る過程において、ウィリアム・バーンスタインは、現代的な豊かさの四つの条件をあげている[3]。彼の主張も基本は分業と専門化であり、そして第四の条件にあるように、分業のセクト間をどのように効率的に結びつけるかが重要である。

第一は、最も基本的なもので、私有財産権を守ることである。分業や交換を行って財などを得ても、それが治安の悪さや独裁的な収奪等によって守れないとすれば、豊かになろうという動機は高まらない。とくに、イノヴェーションや生産、交易による利益が、窃盗を被りやすかったり、国家等に横取りされたりしやすいと、人々はこのような活動に従事しなくなる。

第二は、科学的合理主義である。人々が高度な教育を受けるチャンスがあり、またそういう人の中から、実証的観察や数学的方法に基づく合理的思考を発展させ、それを利用して産業を興したり、それがうまく機能するような制度を考案したりする人が現れると、私たちは豊かになる。さらに、それだけではなく、それらを理解して支援する人も、科学的合理主義の素養がなくてはならない。

第三は、資本市場である。科学的合理主義に基づいて、何らかのアイデアが生まれても、それを大量生産化するためには資本が必要である。そのために健全な資本市場が必須で、株式会社がこの役割を担ってきた。国家や宗教が干渉をすると、うまくいかない。資本主義市場がうまく機能しない要因は、投資に対する裏切りが多い状況であり、このような状況では投資家は投資を止めてしまう。

第四は、通信・輸送手段である。現代では、郵便、電話、電子メール、インターネット等によって情報が非常に価値を持つ時代になっているが、輸送と情報の手段は、交換と分業の必要条件として古代からずっと重要であり、ますますの分業化と、ここであげた第二の科学的合理主義や第三の資本市場を支えた。現代の分業と専門化による繁栄は、社会契約・交換マシンの単なる延長というよりは、さまざまな制度や、人々が共有する信頼あるいは、騙すことが利益にならないシステムによって、確立されてきたということがいえるだろう。

5章　暴力と戦争を減少させるもの

5−1　高貴な野蛮人説への懐疑

1章で、狩猟採集社会では、人々は争いもなく平和に暮らしていたとする高貴な野蛮人説を紹介した。この仮説は、マーガレット・ミードによる、20世紀前半当時に未開とされていたサモアやニューギニアの人々は攻撃性が低く争いもないとの報告によって「実証」されたはずだった。しかし、その後の追跡調査では、ミードが報告した事実はほとんど確認されず、当初は、ミードが調査を行った1920年代以降、西洋の文化が入ってきてサモア人が変容したのではないかと推測された。しかし、徐々に判明したことは、彼女の一連のサモアやニューギニアでの研究がかなりずさんなものであったということである[18]。

高貴な野蛮人説は、マーティン・デイリーとマーゴ・ウィルソンによる、進化学からのアプローチである『人が人を殺すとき』において引用されたデータによっても否定されている[9]。彼らの著作の目的は、殺人が、誰によってどのような状況でどのような目的で行われるのかという問題を進化論的に分析することなので、高貴な野蛮人説を否定すること自体が目的ではない。しかし、狩猟採集民における殺人件数の多さや、近現代に至る殺人件数の減少などのデータから、「太古の昔は、人類は争いもなく平和に暮らしていた」というのは、ノスタルジーと願望の産物であったことがわかる。たとえば、ある推定データによれば、ロンドンの人口100万人当たりの年間殺人件数は、14世紀には約450件だったが、20世紀には10件前後を推移している。また、現代の狩猟採集民で最も攻撃性が低い人々とされたカラハリのサン族でさえも、伝統的な狩猟生活をしていた50年間の推定では、人口100万人当たり1年に約300件の殺人があった。

個人の暴力から殺人、あるいは大量殺人を招く戦争まで、人類の歴史は争いで満ちている。デイリーとウィルソンの分析によれば、殺人の原因として多いのが、ささいな口論等によるものである。たとえば、フィラデルフィアの1948~1952年の統計データによれば、ささいなことに起因する口論・侮辱・押し問答による殺人が約35パーセントであり、他の、家庭内のいざこざ（14パーセント）や嫉妬（12パーセント）、お金をめぐる口論（11パーセント）と比較して、圧倒的に多い。このデータが意味するところは、ささいな口論であっても、それが相手への侮辱と受け取られると、暴力や殺人につながりやすいということである。自らの名誉を守ることは、集団あるいは公共体内での地位を維持するために、非常に重要である。4章において、デニス・カミンズの順位性仮説に基づく論考を紹介したが、社会性哺乳類として進化した人類には、集団内の地位は非常に重要で、それを脅かす侮辱等に対しては攻撃的になるのであろう。

人類は、生物学的に弱い一夫多妻傾向にあると推定されているが（一般に哺乳類において、オスがメスよりも身体が大きいという特徴は、一夫多妻の結果である。オス同士が争って多くのメスを得るのに、身体が大きいと有利だからである。この法則によって、比較的小さい男女の体格差から、人類は弱い一夫多妻傾向と推定できるのである）、そうすると社会的地位は、パートナーを獲得する点で男性にとってより重要である。社会的地位が高ければ複数のパートナーが可能かもしれないが、低ければ獲得できない確率が高くなる。一方で、女性の社会的地位は男性ほど重要ではなくなる。したがってこの点は、暴力や殺人の加害者が圧倒的に女性よりも男性に多いという事実から考える必要があるだろう。この性差についての議論を尽くすことは本書ではとてもできないが、殺人の原因の多くが、集団の中における地位をめぐるものであるとする想定から推定可能である。男性の地位は、繁殖適応度に直結し、ささいなことであっても侮辱を受けるとコミュニティ内での地位の低下を招く可能性が高く、社会的地位が低ければ自らの生存可能性だけではなく、パートナーを獲得する可能性も低下するのである。

進化心理学の立場から、男性戦士仮説がマーク・ファン・フフトによって提唱されている[55]。彼によれば、人類の脳の進化には、集団間の競争と対立という適応課題が大きく影響している。とくに男性の場合、集団内での地位の向上のために、常に同性間対立を切り抜けねばならない。また、一方で、集団間での競争や対立において大きな力を発揮すると、つまり簡単にいえば他の集団と争いがあったときにヒーローになると、彼が属する集団の勢力が増すだけではなく、その集団内における地位の向上につながる。そうすると、自らの生存確率、繁殖確率という点でも有利になるのである。いいかえれば、男性は常にヒーローをめざさなければいけないわけであり、それが暴力や殺人の多さにつながっている。

それが顕著に現れるのが、殺人への仕返し・復讐であろう。とくに、殺された側に非がなければ、社会的契約・交換マシンが喚起し、殺した側を騙し屋とみなすことになる。この殺人に対する復讐は、狩猟採集社会では血讐として頻繁に行われてきた。さらに、血縁集団同士は、食料資源等をめぐってライバル関係にあることが多く、自分たちを「手ごわい相手」と思わせることが非常に重要である。「手ごわい相手」と思わせておけば、敵も容易に手を出すことは控えるはずである。そういう状況で、殺人は最大の侮辱行為の一つである。もし被害者の遺族が何も行動を起こさなければ、その血縁集団の力がないこと、すなわち「手ごわい相手」ではないことを示すことになり、さらに侮られる結果となりやすい。したがって、仕返し・復讐は非常に重要なのである。

血讐は、相手が誰であるかわからないときにも起きる。その場合は、相手部族のメンバーなら誰でも殺すという報復に出ることがある。そして、これがきっかけとなって部族間、あるいはコミュニティ間の戦闘・戦争に発展することも多い。血讐を招く典型的なパターンの一つに、女性の奪い合いがある。男性を殺害する動機の一つに、その妻を奪うということがある。一般に、手ごわい血縁が周囲にいない男性はその被害にあいやすいが、このパターンは部族間闘争に最も結びつきやすい原因の一つであり、コミュニティが大きい場合にはジェノサイドを引き起こすこともある。

アフリカにおける20万年前のホモ・サピエンス、6万年前から世界に拡散しだしたホモ・サピエンス、1万年前の農業革命のころのホモ・サピエンス、彼らも、暴力と殺人に満ちた世界に住んでいたのだろうか。これらについては、出土する人骨や、狩猟採集民の現代の生活や記録から推定することになるが、決して高貴な野蛮人と呼べるような状態ではないと考えられている。ただ、過去へ遡るほど残虐になっていくのかというと必ずしもそうではないようで、人口の増大によるコミュニティ同士の紛争は、3~5万年前の文化のビッグ・バンのころに増えだし、定住して農業革命が起きると、土地をめぐっての紛争規模がさらに大きくなったと推定されている。とくに、社会の階層化、分業、富の蓄積があるところでは、より大がかりな戦闘が生ずる可能性が高かったと考えられる。

5-2 リヴァイアサンと共感

有史以来の暴力や殺人の減少については、スティーヴン・ピンカーが『暴力の人類史』の中で詳しく分析を行っている[40]。古い時代、とくに紀元前は殺人の記録がほとんど残されていないが、たとえば、旧約聖書などに記載されるジェノサイドなどによって、いかに紀元前の多くの人々が殺し、殺されていたかを推定することができる。創世記には悪徳の街として滅ぼされるソドムにおけるジェノサイド、ヨシュア記には攻略されたエリコにおけるジェノサイドが記載されている。さらに、イスラエル部族連合体が王制国家に移行する様子が描かれたとされるサムエル記には、その過程における、アンモン人やペリシテ人との戦争が描かれている。ペリシテ人との戦争の箇所には、のちにイスラエルの王となるダビデと、ダビデに殺されたペリシテの戦士であるゴリアテとの有名な戦闘の場面が描かれている。なお、旧約聖書の創世記には有名なカインとアベルの兄弟の話があり、カインによるアベルの殺害が、人類初の殺人ということになっているが、もちろんそれは正しくない。

狩猟採集民が巨大な国家に飲み込まれていく状態は一見悲劇的なイメージとして映るかもしれないが、現実には、その過程において部族間闘争が激減している。その典型的なモデルケースがパプアニューギニアにおける変化であろう。1950～1960年ごろのパプアニューギニアの狩猟採集民は、他部族の近くを通って20キロメートル離れた海岸に行くのにも命がけということがあったらしい。他部族から襲撃を受けるおそれがあったからである。しかし現代では、そのような事態はまず起きることはない。パプアニューギニアの場合は、急激な近代化と、国家権力が狩猟採集民に介入することによって50年くらいでそれが達成できたのだが、これは、世界の多くの地域において長い年月をかけて起きたことの短縮版であろう。[11] この国家権力は、トマス・ホッブズのいうリヴァイアサンに相当するといえる。ホッブズは、人間の自然状態を、個人同士が互いに自然権、すなわち人間が自然状態で保持している生命・自由・財産・健康に関する不可譲の権利を行使した結果としての万人の万人に対する闘争状態であるとした。そして、これを避けるためには、この自然権をすべて国家に譲渡する社会契約をすべきであると主張し、絶対王政を合理化する理論を構築した。ホッブズは、平等と性善説を唱えたルソーらに比べると、絶対王政を支持する性悪説の主唱者としてあまり人気がない。しかし、暴力や殺人が減少してきた歴史を見ると、この国家＝リヴァイアサンが機能した結果であると解釈できる。

歴史的に、このリヴァイアサンがうまく機能した例として、17世紀後半からのヨーロッパにおける地域紛争的な戦争の減少をあげることができる。ドイツ（神聖ローマ帝国）では、16世紀のドイツ農民戦争を経て、さまざまな国や地域を巻き込んだ三十年戦争が1648年に終結している。封建制の神聖ローマ帝国では、日本の戦国時代のように小領主間の紛争が絶えず、平和的安定とは程遠い状態が続いていたが、その上に絶対王政的な国ができるようになると、紛争が減少したのである。つまり、絶対王政がリヴァイアサンとして機能したということができる。同じようなことが日本でも起きており、封建制が強かった室町体制では、小領主間の紛争が絶えず、守護大名の権威の低下とともに下剋上があり、内戦状態が続いていた。それを鎮めたのが、リヴァイアサンとしての江戸幕府である。江戸時代というと、チャンバラが至るところで起きていたようなイメージがあるかもしれないが、一揆以外の内戦もほとんどなく、世界史的にも殺人等が少ない時代であった。

こうして18世紀になると、とくにヨーロッパにおいてさまざまな変化が生じてくる。それは第一に戦争の減少で、ポルトガル、スウェーデン、オランダ、デンマークなどはこれ以降、巻き込まれたことはあっても、戦争を起こすことはなかった。一般に国が豊かになると戦争をしなくなるという傾向があるが、この18世紀からの変化は、豊かさによるものではない。産業革命の恩恵で人々が本格的に豊かになってきたのは19世紀からだからである。殺人は全般的に減少してきたが、さらに、魔女狩りの終焉を含む異教徒への弾圧の減少、罪人あるいは被疑者に対する厳罰の軽減、またそれに伴う拷問の減少も顕著であった。それまでは死刑は公開で行われていて見物人も多く、人々の一種の娯楽という要素も含まれていた。しかし、そのころから処刑シーンは人道的嫌悪をもたらすものに変化した。

人道主義革命とも呼ばれるこのような変化の背景として、啓蒙主義の普及という可能性もあるかもしれない。しかし、ピンカーが推定する最も重要な要因は、書籍の出版である。15世紀にヨハネス・グーテンベルクが活版印刷を発明して以来、その技術は主として聖書の印刷に用いられていたが、16世紀以降、徐々に大衆小説と呼ばれる武勇談や滑稽譚などの印刷に適用されて、書籍が普及し始めた。そのような背景から、17世紀のフランスでは、ジャン・ド・ラ・フォンテーヌがイソップ寓話をもとにした寓話詩を作った。また、小説は18世紀から本格化し、英国では、ダニエル・デフォーが『ロビンソン・クルーソー』を書き、ジョナサン・スウィフトは『ガリヴァー旅行記』を著した。また、ちょっと遅れて、ドイツでは、ヨハン・ヴォルフガング・フォン・ゲーテが、『若きウェルテルの悩み』を発表している。なお、ピンカー自身は全く触れていないが、江戸時代の平和と殺人の少なさは、ひょっとしたら井原西鶴の浮世草紙や近松門左衛門の人形浄瑠璃の影響もあるかもしれない。

小説を読んで楽しむためにはその登場人物の理解が必要で、それによって共感も生じやすい。この行為は他者の行動を理解するときに、マインドリーディングを用いることとほぼ同義である。他者への共感がより促進されると、たとえば、罪人が拷問を受けるときの苦痛や処刑されるときの恐怖を実感できるようになる。また、自分が異教徒として迫害される側に立つこともできるようになる。そうなると、いくら罪人や異教徒に対する恐怖や嫌悪が強くても、拷問・処刑・迫害はかわいそうであるという感情が芽生えることになる。17世紀以前の人々のマインドリーディングが不完全であったというわけではないが、小説が人々に読まれ始めるにしたがって、マインドリーディングが適用される範囲が人間の実際の行動から架空の人物の行動へと広がり、それと同時に、自分とは異なる人々の精神状態の理解も促進されるようになったと考えるのが最も妥当であろう。

マシンとしてのマインドリーディングは、人間の行動という領域に固有的に適用されるように進化してきた。狩猟採集生活では、現実に適用されるのは、ごく身近な親しい人だけであったに違いない。しかし17世紀ごろからは、それが小説の中に登場する架空の人間の行動や心情を文字で記した刺激にも適用されるようになり、自分が直接知らない人々の心情も理解できるようになった。これを、マシンの適用領域の変化として理解する解釈もあれば、進化的に新しいシステムが関与していると考える解釈もある。前者の解釈によれば、一般的に、マシンの固有領域と現実領域という区分で説明される。すなわち、固有領域とは、そのマシンが進化した環境での入力刺激領域だが、現実領域とは、それ以降の実際の環境においてマシンを起動させる刺激の領域である。マインドリーディングマシンの固有領域は、おそらく狩猟採集社会において形成されたもので、表情などを含む人間の行動である。しかし、現実領域として、絵に描かれた人物なども入力刺激となり、さらに、言語の進化によって、口頭で語られる物語や文字で記された物語もそれに含まれるようになってきた。後者の解釈によれば、2章で紹介した実行機能によってマインドリーディングが制御される。つまり、小説に登場する人物が実際の人物に類似していることから、マインドリーディングを小説の人物に柔軟に適用するわけで、この機能は新しいシステムの大きな認知容量によって支えられている。現時点では、おそらくこの後者の解釈が妥当だろう。

弾はこめてあります ― 十二時を打っています！ では！ ― ロッテ！ ロッテ、さようなら！ さようなら！

ゲーテ『若きウェルテルの悩み』[19]（斎藤栄治訳、p.188 より）

この文章は、ロッテとの恋を叶えることができなかったウェルテルが、拳銃自殺の直前に書いたものである。そして、このような文章がマインドリーディングマシンに入力されることによって、読み手は、ウェルテルの悲しみや死への恐怖を共感することになる。この場合、マインドリーディングマシンは、物語についての文字刺激を現実領域として起動したことになる。しかし、このような恐怖・共感は、進化的に古いシステムとしてのマシンだけによるものではない。進化的に新しいシステムの大きな認知容量が、想像をより鮮明にしてくれて、共感を生じやすくさせているだろう。また、このウェルテルの苦しみを理解するためには、失恋とはどのような苦しみなのかや死に対する恐怖とはどのようなものなのかに対するさまざまな知識や経験が動員されることが必要であり、進化的に新しいシステムにおける推論や思考が重要な役割を果たしている可能性が高い。

歴史的に、人道主義に向けての運動への影響として非常に大きかったのは、ストウ夫人による『アンクル・トムの小屋』であろう。黒人奴隷としての悲惨な状況を描いたこの小説は、アメリカが奴隷解放問題で南北分裂の危機を抱えていた当時、奴隷解放への世論の形成に非常に大きな役割を果たした。その後、アメリカは奴隷解放問題を一つの引き金にして南北戦争に突入し、解放に賛成する北軍側の勝利で終わる。その影響の大きさは、エイブラハム・リンカーン大統領がストウ夫人と会見したさいに、「あなたのような小さなかたが、この大きな戦争を引き起こしたのですね」と挨拶したという逸話からも、うかがい知れるだろう。

小説の普及が人道主義の浸透に大きな影響を及ぼしたのではないかという推測は、改めて進化的に古いシステムとしてのマインドリーディングマシンとそれを制御する新しいシステムの協同を意味する。また、新しいシステムと古いシステムはそれぞれ役割が異なる。新しいシステムは、実行機能としてマインドリーディングマシンを柔軟に適用させることを可能にしてくれる。しかし、残虐行為の減少や奴隷の解放の大きなエネルギーになったのは、2章で述べたことだが、古いシステムと結びついている強い感情であろう。頭では、つまり進化的に新しいシステムでは、すでに黒人奴隷の悲惨さと奴隷制が反人道的であることは理解されていたかもしれない。しかし人々を動かしたのは、この小説の中のトムに刺激されたマインドリーディングマシンによって喚起された強い共感なのである。

5－3　第二次世界大戦以降の変化

暴力・殺人・戦争などについてのもう一つの注目すべき変化は、第二次世界大戦後の状況である。この1945年以降の変化は、戦争の消滅、殺人などの犯罪の減少、人権意識の高まり、および人間関係の希薄化という点から考察していくことができる。この章では、ピンカーが分析したように、戦争、殺人、人権意識という点から述べていき、人間関係の希薄化については、改めて次の章で述べることにする。

ピンカーによれば、第二次世界大戦以降の状態は、大戦がないという長い平和と、今世紀に入ってからの、小規模な戦争さえも起きていない新しい平和に分類できる。第二次世界大戦の後の東西の冷戦時代は、第三次世界大戦が懸念されていたが、幸いなことに起きてはいない。それでも、大戦後の二十世紀後半には、朝鮮戦争やヴェトナム戦争、ボスニア紛争などがあり、また、カンボジアにおけるポルポトによるジェノサイド、ルワンダにおけるツチ族とフツ族のジェノサイドも起きた。これと比して二十一世紀は、アメリカの同時多発テロというショッキングな事件から始まったが、国同士の本格的な戦争（米国によるイラクへの軍事介入や、２００６年のイスラエルのガザ地区やレバノンへの侵攻は戦争とは言いにくい）やジェノサイドは起きてはいない（ただし、南スーダンにおいてジェノサイドが発生している可能性は否定できない）。

概していえることは、民主的で豊かになった国は戦争をしないということである。マクドナルドの店舗がある国同士では戦争をしないという「マクドナルドの法則」が知られているが、これは、マクドナルドがチェーンを展開するのは民主的で中産階級が多いある程度豊かな国であって、そのような国同士では戦争が起きにくいということを示している。兵士になれば良い給料がもらえるような国なら好戦的かもしれないが、戦争になった場合に、仮に勝ったとしても豊かさが損なわれるようならば、少なくとも民主的な国においては、国民は戦争を選択肢の中から排除する。また、豊かな国は概して貿易が活発である。１９６０年以降、国際貿易量の対ＧＤＰ比が増大していることからも十分に推測できるように、国際的な分業等によって、国家間同士の経済的相互依存度が高くなっているのである。ある国がハイテクの機器を生産する技術が高く、一方でその隣国は繊維製品を安価に生産することができる場合、相互の貿易は活発になる。このような状況で戦争をすると、負ければもちろん大きな損害を被るが、勝ったとしても損害は決して小さいわけではない。つまり、相手国を負かして大きな損害を与えた場合には、その後、その国との貿易による利益を失ってしまう可能性が高いのである。つまりこのことは、現代の国家は貿易による豊かさを享受しており、相手国が貧しくなることは自分の国の豊かさも損なうことになり、勝つにしても負けるにしても、戦争は豊かさを保つためには決して適切な戦略ではないのである。社会交換・契約から発展した世界規模の分業が、資源の奪い合いというゼロサムゲーム状況からの脱却を可能にし、相互依存という状態で戦争を抑止しているといえるだろう。さらに、現代の豊かさの基盤は、モノから情報にシフトしている。戦争は、基本的に相手の資源に代表されるモノの奪い合いで、たとえば、メキシコがアメリカ合衆国に戦争を仕掛けてテキサスの油田を奪えば自国が豊かになるかもしれない。しかし、現代ではそれ以上の豊かさを生み出すのが情報である。かといって、メキシコがハイテク産業の集積地であるシリコンヴァレーを奪っても、ハイテク企業や研究者に逃げられてしまえば得るものはほとんどない。

第二次世界大戦以降の第二の変化は、殺人の減少である。第二次世界大戦の後、本格的な産業社会となって地域コミュニティが崩壊し始めたころは、米国にしろ日本にしろ、殺人は微増した。コミュニティ内で機能していた相互監視が薄れて、「旅の恥はかきすて」レベルの殺人が増えた結果である。しかし、全体としてみれば、発展途上国はいうまでもなく、米国、日本、ヨーロッパ諸国において殺人は減り続けている。たとえば、日本の殺人認知件数についてのデータでは、1950年は2010年の約4倍となっている。外的な要因としては、第二次世界大戦後、産業国においても発展途上国においても、社会的秩序が保たれるようになったことが大きいだろう。リヴァイアサンの効果である。さらに、科学の発展により、刑事事件における証拠収集、すなわち指紋や血液などの物質の検出および判定、声紋鑑定、防犯ビデオカメラなどの自動撮影装置、録音機、最近ではDNA鑑定などが著しく進歩していることが犯罪の抑止になっているかもしれない。科学の進歩による犯罪捜査の向上によって、殺人をはじめとする犯罪が、割のあわないものになってしまっているのである。

ただしこのような傾向の中で、血縁者による殺人だけは特異である。血縁者は、進化的な適応という点で最も信頼できるはずで、たとえば13世紀のイングランドでは殺人の約6パーセント程度であった。日本においても、昔は全殺人に占める割合は多くなかったのである。しかし、殺人が全体的に減少している中で、家族内殺人などの血縁者による殺人だけはあまり減少していない。その結果、現在の日本では、殺人の約半数が血縁者によるものとなっている。また、人間関係の濃淡という意味では、逆に最も淡である通り魔的な殺人も増減はない。その結果、家族内殺人と同じように、全殺人における通り魔殺人の割合は増加している。家族内殺人にしろ、通り魔的殺人にしろ、人間の精神の病理にかかわるような殺人は、抑止されにくいのかもしれない。なお、参考までに、日本における殺人と暴力（傷害）事件の、人口10万人当たりの件数を133ページの表8－1に載せている。

第三に指摘されるべき点は、人権意識の高まりである。もう少し正確に述べると、これまでずっと弱い立場にあった人々に対する共感の高まりともいえるかもしれない。最も大きな変化は、人種差別に対する反対である。第二次世界大戦後の人種差別反対運動の高まりから、米国において1964年に、人種差別を禁ずる公民権法が制定された。ただし、その時点で、まさかその50年以内にアフリカ系アメリカ人から大統領が選ばれるとは誰も予想していなかったであろうから、この50年の変化は瞠目すべきである。また、オーストラリアにおいては、ヨーロッパ系の最優先主義とそれに基づくアボリジニを含む非ヨーロッパ系への排除政策である白豪主義の放棄があった。1973年の移民法、1975年の人種差別禁止法の制定によって、原則的に移住手続きや、移民の国内での生活・教育・雇用における人種差別が禁止されるようになった。3章において、潜在連合テストで測定されるような進化的に古いシステムにおける無意識的な差別は、修正するのが困難であると述べたが、歴史的に見れば確実に変化しているといえる。

このような動きと並行しているのが、この50年間の、フェミニスト運動の高まり、動物への虐待の禁止、同性婚への許容などの、弱者とされた側の権利を尊重するという潮流である。女性の人権については、日本においても向上が叫ばれている。たとえば女子の四年制大学進学率は、2016年では男子が56パーセント、女子が48パーセントであるが、1970年代初頭では男子が約35パーセントに対して、女子は10パーセント程度（短期大学への進学率を合算しても25パーセント）であった。1970年代の時点では、まだ女子には高等教育に相当する学問は不要という文化背景があり、また、女性への偏見や蔑視も共有されていたのである。たとえば、連合赤軍事件で死刑判決を受けた永田洋子（獄中死）の1982年の判決文では、「女性特有の執拗さ、底意地の悪さ、冷酷な加虐趣味」という文言が登場している。「女性特有の」という表現について、当時も女性蔑視として批判されたが、このような公的文書において女性蔑視の文言が用いられていた理由に、それを許容する時代背景があったと推定できるだろう。現代では、女性特有の執拗さや底意地の悪さがあると信じている人は非常に少なくなっているし、仮に信じていたとしても、こういう発言は、モラルとして許容されない文化規範が形成されている。

日本における反性差別の変化は、1985年に制定された、職場における男女の差別を禁止し、募集・採用・昇給・昇進・教育訓練・定年・退職・解雇などの面で男女とも平等に扱うことを定めた男女雇用機会均等法に見られる。これが実際に性差別にどの程度効力を発揮したのかは推定でしかないが、たとえば前述の女子の四年制大学への進学率を押し上げた要因にもなっているだろう。また、この法律は1997年に一部改正され、セクシャル・ハラスメント防止のための、事業主に対する雇用上の管理が義務づけられるようになった。残念ながら、セクシャル・ハラスメントに対する意識は、中高年においてまだまだ低く、「昔ならこんなのセクハラではなかった」とぼやきながら訴えられるのは中高年の男性が多いようである。また、2017年に、ハリウッドに端を発したMeToo（「私もよ！」）運動は、まだまだセクシャル・ハラスメントが存在していることを示すと同時に、弱者とされた女性側が抗議を始めた、21世紀を象徴する現象であろう。

このほか、健全な人権意識と呼べるかどうかわからないが、病院に過剰なクレームをつけるモンスター・ペイシェント、学校に無理難題を押し付けるモンスター・ペアレントが現れるようになったのも、このような背景があるかもしれない。つまり、従来、医師に対して弱い立場とされていた患者や、教師に対して弱者とされていた生徒の親が、それぞれ医師、教師に対して要望を主張し始めるようになった結果であろう。かつては、一部に横暴な教師や医師がいた可能性が高く、弱者側からの主張はそれを是正することになっただろう。しかし、それが度を過ぎたり、主張が許容される社会的な雰囲気の中で無理難題を押し付けたりするようになったわけである。なお、このような人たちは、欧米でも、ディフィカルト・ペイシェント、ディフィカルト・ペアレント（「モンスター」は和製英語である）と呼ばれて問題視されるようになっている。弱者が主張できるようになったという点で、世界的な潮流なのであろう。

第一から第三までの変化の重要な要因といえるかどうか確実ではないが、並行するように進んだのが知能指数の素点平均の増大である。知能指数は、該当する年齢の人々の平均得点を元に、それよりもどの程度高いか低いかで算出されるので、指数自体には変化が現れているわけではない。しかし、実は、知能テストの素点平均自体が、ここ50年ほどでかなり上昇しているのである。つまり、現代人は、1960年代の人々と比べて、知能テストの素点が高くなっているのである。この上昇を最初に指摘したジェームズ・フリンの名をとって、フリン効果と呼ばれている。[16] この原因ははっきりと明らかになっているわけではないが、この50年の間に、親による教育の意識が変化し、子どもは労働から解放され、公教育や高等教育が普及した。これらの要因が知能テストの素点を押し上げているのではないかと推定されている。また米国において、アフリカ系米国人の知能指数が白人よりも低いとされていたが、生活や教育環境が改善されるにつれて素点の格差が縮小し、彼らの知能指数が相対的に上昇している。

3章で述べたように、知能指数は、二重過程理論では、進化的に新しいシステムの認知容量を最も端的に反映していると考えられている。ただ、この変化について、脳のハード面、たとえば新皮質の容量が増加したなどの解剖学的な証拠があるわけではない。したがって知能テスト得点の上昇は、新皮質に支えられた脳の容量が、適切で高度な教育等によって認知的機能としてより利用可能になった結果と解釈するのが最も妥当だろう。3章では、進化的に新しいシステムが古いシステムからの出力を修正できるのかどうかを議論したが、この可能性は、原理的に、利用できる認知容量が多くなれば高くなる。つまり、この大きくなった認知容量あるいは利用可能になった認知容量によって、社会的契約・交換マシンやマインドリーディングマシンを、より柔軟に機能させることできるようになるというわけである。そう仮定すると、この50年の差別の減少は、マインドリーディングマシンが、社会的に弱者とされる人々に、より共感的に作用した結果と考えることができるのである。進化的に古いシステムとしてのマインドリーディングマシンが共感的に作用するのは血縁者や氏族・部族などの自分の集団内の人々のみであった。それが、進化的に新しいシステムの力を借りて、自集団以外の人々へも拡張されていったわけである。したがって、暴力や殺人、戦争やジェノサイドの終結も、自分の集団以外の被害者あるいは殺される側の痛みへの共感がより増大した結果であるとも考えられる。また、古いシステムからの否定的な出力、たとえば危機管理マシンによる他集団の人々あるいは他民族に対する恐怖なども、パワーアップした新しいシステムによって減少したかもしれない。

第四の変化は、否定的な側面であるが、伝統的なコミュニティの崩壊である。現代の繁栄の基礎は、社会的契約・交換による分業化と専門化にあると4章で述べたが、この作用、いいかえれば産業化は、必然的に自給自足的なコミュニティを崩壊させる。分業化や専門化によってできた集団は、従来の自給自足的な村落コミュニティと比較すると、どちらかといえば一時的な関係で結ばれており、また、文化的背景を共有しない人々の集まりなので、その仕事や役割を離れれば、関係はなくなるわけである。日本において、戦後、この傾向が強まったことは実感されていると思えるが、世界的にも、産業化の道を選んだあらゆる国において起きていることである。この点を、次の6章でもう少し詳細に見ていこう。

5-4　百万人の死は統計――モラルについての解説

本書は、道徳やモラルについて本格的に扱うことを意図したものではないが、ここで、何が社会を動かすのかという議論のために、少し人間の道徳判断について触れておきたい。たとえば迷信にしたがう行動について、進化的に新しいシステムではそれがばかげていると理解できても、感情を伴った古いシステムからの出力がその判断に反対しているときは迷信的な行動が修正されにくいということを3章ですでに述べた。歴史的変化から、新しいシステムは古いシステムの従僕であって、古いシステムを修正できないとまでは主張しないが、新しい行動の生起や古い習慣の修正に大きな抵抗力を発揮しているのは、実は古いシステムからの強い感情と結びついた出力であると推定できるのである。

古いシステムの一つであるマインドリーディングマシンによる感情を伴った共感的理解が、人間の行動の大きな引き金になるということは、ストウ夫人による『アンクル・トムの小屋』が奴隷解放に大きな影響を及ぼした例に代表されると、すでに本章で述べた。このような現象は、「一人の人間の死は悲劇だが、百万人の死は統計である」という有名な言葉に代表される。これは、ソビエト連邦の独裁者であるヨシフ・スターリンの言葉とされているが、実際は、『西部戦線異状なし』で知られている作家のエーリヒ・レマルク、あるいはナチスのホロコーストにかかわったとされてイスラエルで処刑されたアドルフ・アイヒマンの言葉ともいわれている。このメッセージは、一人の死には必ず何らかの物語性を伴い、マインドリーディングマシンからの出力である悲しみが喚起されるが、戦争などによる百万人の死については、それぞれの人の物語を描くことは不可能で、統計として処理されるということと解釈できる。

家族や友人等の死は、本当に辛いし、悲しみから普通の生活に戻るにはかなり時間を要する。この理由は、身近な人々とは物語を共有し、彼らの無念や苦痛に対してマインドリーディングを行うと同時に、自分のマインドリーディングをしてくれる相手を失ったという悲しみを経験するからである。一方、日本では一日に３５００名の方が亡くなられている。しかし、その方々が身近な人間ではない限り、ほとんど涙を流すことはない。現実に、一日に３５００回も涙を流し続けていては、ただ悲しみに明け暮れるのみで、とても普通の生活はできない。さらに、同じ人類ということで、世界中の人の死に涙を流していたらもう誰も生活できないことになる。たとえば、どこかの国で大地震があったとする。大きな被害であるにもかかわらず死者は10名という報道を聞いたとき、大多数の日本人は、少なくて良かった程度の感想で、いつもと変わらない日常生活を送るだろう。彼らの死は統計にすぎないのである。しかし、もしその地震で亡くなった人の最期が新聞等で詳しく報道されていたらどうだろうか。がれきの下で、幼い子どもを必死に守ろうとして亡くなっていた親子の遺体が見つかったという記事を読んだらどんな気持ちになるだろうか。犠牲者を直接は知らなくても、おそらく、どんな気持ちで亡くなったのかをいろいろと想像して、深い悲しみを経験するだろう。

人間を行動に駆り立てる力は、統計ではなく悲劇である。いいかえれば、進化的に新しいシステムではなく、古いシステムの出力なのである。実際、人間は論理的に結論を導いて説得されるよりも、物語として提示されるほうがより効果が大きいということは、経験的に知られている。つまり、進化的に新しいシステムで理解するよりは、古いシステムとしての強い感情を伴ったマインドリーディングマシンからの出力のほうが、行動を引き起こす力が強いというわけである。このことは心理学実験でも確認されており、ある被害事例に対して寄付を行うかどうかという判断において、その被害者の状況が詳しく伝えられると寄付をする人が多くなるということが検証されている。これは、犠牲者同定可能効果と呼ばれている[33]。

実例として、1987年にジェシカ・マクルーアちゃんという1歳半の幼児が井戸に落ちたときの救出時にも、似たようなことが起きた。彼女は、井戸に落ちて60時間閉じ込められるという不運に見舞われたが、その様子が全米にTV中継された。井戸からの救出は困難を極めたようだが、するとその救出作業を支援する寄付金が70万ドル集まったのである。70万ドルあれば、貧困国において栄養失調や病気などで亡くなる幼児をたくさん救うことができる。実際、ユニセフが世界の貧困な子どものための募金を呼びかけているのだが、こんな金額はなかなか容易には集まらない。しかしそのTV中継で注目をあびたジェシカちゃんのためにということで、これだけの寄付が短期間で集まったのである。幸いジェシカちゃんは救出されたが、TVの視聴者にとって、ジェシカちゃんが悲劇の「一人」になり、栄養失調や病気などで死ぬかもしれない貧困国の子どもたちは、統計上の「百万人」にすぎなかったというわけである。

また、ヒロインの少女が白血病で亡くなるという筋書きの『世界の中心で、愛をさけぶ[31]』によって、2005年から数年間、日本骨髄バンクへのドナー登録者数が飛躍的に増加している。骨髄移植は、白血病や悪性リンパ腫などの血液の悪性腫瘍に有効な方法だが、移植のためにはドナーが必要である。

そのため、政府広報などで日本骨髄バンクへのドナー登録が呼びかけられているが、あまり効果があるとはいえなかった。政府広報などのメディアによる説得は、「白血病や悪性リンパ腫では、骨髄移植によって助かる可能性が高くなります。骨髄移植のためにはドナーが必要です。したがって、ドナー登録をお願いします」という論法であり、進化的に新しいシステムに働きかけることはできていたと思われる。しかし、それよりも効果があったのが、『世界の中心で、愛をさけぶ』だったのである。ドナー登録は、ヒロインの少女を救いたいがために実行されたわけではないが、同じような境遇の人たちを想像しやすかったのである。概して、映画やドラマは物語として進化的に古いシステムに働きかけて、マインドリーディングマシンを喚起させると推定できる。それによって、視聴者により強い情動を引き起こし、ヒロインを含めた登場人物の悲しみを現実で繰り返してはいけないという思いから、登録という行動が増えたのであろう。

寄付や善意という行動を生み出したわけではないが、人気歌手のカイリー・ミノーグの名前をとったカイリー効果も同じような現象として位置づけられるだろう。彼女は2005年に乳がんと診断されて手術を受けて回復したが、その際に、ガン撲滅の啓蒙活動を行った。その結果、彼女の影響で多くの若い女性が乳がん検査を受けた。多くの女性は、頭では、つまり進化的に新しいシステムでは乳がんは死に至る可能性がある恐ろしい病気であると理解しているが、実際に予防的な行動に移るには、マインドリーディングマシンによるカイリー・ミノーグという患者への共感や、それによる乳がんへの恐怖という力が大きかったといえるのである。

寄付やドナー登録を道徳的行動としてとらえて、道徳研究からの知見を加えてみよう。マインドリーディングの起動による判断は、イマニュエル・カントの提唱した義務論的な規範に基づくものとなる。義務論によれば、理性によって導き出される普遍的な究極の道徳規則が存在し、それに無条件に従うことが倫理の達成である。この主張の問題点は、その普遍的な究極の道徳が何なのかについて明確に言及されていないことだが、ここでは現代の二重過程理論にしたがって、直感的に「これは絶対にいけない」と感じれば、それは理性に従った判断ということにしておく。直感すなわち理性という主張は少々粗っぽいが、義務論は比較的直感的な判断に基づくものとここでは理解しておこう。

カントの義務論は、最大多数の最大幸福を説くジェレミ・ベンサムの功利論と対比される。功利論にもさまざまなバージョンがあるが、基本は、効用と呼ばれる、幸福を数値的に表現した指標を最大にすることを理想とするものである。効用は、現代の意思決定研究において非常に重要な概念で、目標に最も近づくことができる選択が効用が高いとされる。さらにそれに確率が加味されたものが期待効用で、意思決定における選択は、それを最大化すること、すなわち期待効用最大化原理が規範であるとされている。この確率と効用の計算は、主として進化的に新しいシステムにおいて行われると考えられている。

両者を最もうまく対比している例が、トロリー問題と歩道橋問題である[52]。トロリー問題は、図5－1に示すように、線路を走っていて制御不能になったトロリーがこのまま行けば前方で作業中の5人が轢き殺されるという状況を想定する。あなたは分岐器でトロリーの進路を切り替えることができるが、そうすると、分岐した先で作業をしている別の1人が死んでしまう。この状態で、あなたは分岐器で進路を切り替えるべきだろうか。

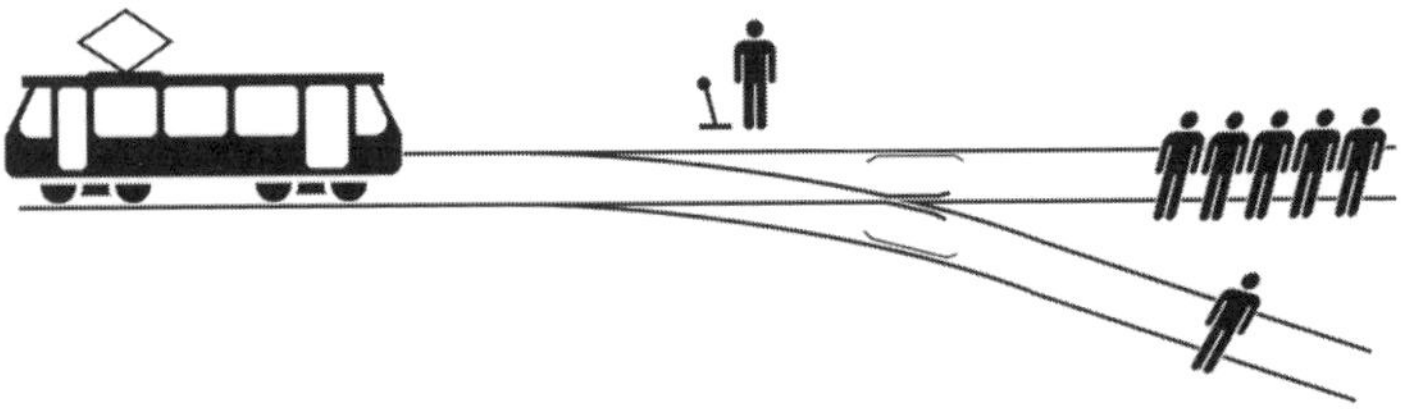

図5-1　トロリー問題（Wikipedia「トロッコ問題・Trolley problem」より）

この問題で、法的な責任は問われないものと仮定すると、多くの人は切り替えると答える。5人が死ぬよりは、1人の死のほうの被害が少ないからである。この判断基準は、功利論にしたがったものである。ところが、少数だが、切り替えるべきではないと判断する人もいる。彼らが依拠するのが義務論で、切り替えるということは何の落ち度もない1人の人を殺すという選択をすることになり、このような場合にはいくら5人の命を救うことができても、人為的な働きかけはしてはいけないという判断になる。

これが、トロリー問題の変型版である歩道橋問題になると、判断が逆転する。歩道橋問題では、分岐器の代わりに線路をまたぐ歩道橋があるのだが、あなたはその歩道橋の上にいる。そして、あなたのそばに太った男がいて、その男を突き飛ばして線路の上に落とせば、男が障害となってトロリーは確実に止まり、その男は死ぬが5人の作業員が助かるという状況設定である。さてあなたは、この太った男を突き落とすべきだろうか。この問題では、突き落とすべきではないと判断する人が多い。その理由は、1人の人間に対する殺人が、トロリー問題の場合には間接的あるいは副次的だが、歩道橋の場合は直接的だからである。すると、「殺人はいけない」という義務論が喚起されて、突き落とすという選択肢を選びにくくなるのである。

義務論と功利論の対比は、少々乱暴だが、すでに述べた「一人」と「統計」の区分に相当する。そして、「一人」を扱うのが進化的に古いシステムのマインドリーディングマシンなどであり、「統計」を扱うのが進化的に新しいシステムである。現代の産業の発展や文明化に大きな貢献を果たしたのは、まちがいなくこの進化的に新しいシステムなのだが、人々を大きく動かすような力は、「一人」のほうがはるかに強いように思われる。古いシステムのマインドリーディングマシンや、社会的契約・交換マシンは、「一人」への共感をもたらしたり、不正に対する憤りをもたらしたりして、強い感情を伴った大きなエネルギーを生む。そのエネルギーを人々のためにより柔軟に使用できるように、進化的に新しいシステムの認知容量が使用されて、世界レベルにおける暴力・殺人・戦争の減少、人権意識の高揚につながる現在の私たちのモラルが確立されているのだろう。しかし、大きな変化が必要なときには、たとえばフランス大革命のように、古いシステムからの強い感情が人々に共有されることが必要だろう。飢餓で苦しむ人々へのマインドリーディングによる共感と、それにもかかわらず貴族・王侯がぜいたくな生活を送っていると人々が信じることによって喚起された社会的契約・交換マシンによる不正への怒りがフランス大革命の大きなエネルギーになった。進化的に新しいシステムがこのエネルギーを制御できるようになればもっと望ましいのかもしれないが、社会はこのエネルギーを使用しながら望ましい方向に変革されてきたといえるだろう。

6章 文化的相互依存（グローバル化）と低文脈化

6－1 グローバル化とコミュニティの崩壊

グローバル化という表現は、社会的な関係あるいは経済的な交流・交易が、旧来の国家や地域などの境界を越えて、地球規模に拡大してさまざまな変化を引き起こす現象を指すものとしてとらえられている。広義には、部族間の物々交換から、現代の国家間経済交流まで、要するに、それまでコミュニティ内だけでの交流だったものが、コミュニティを超えて交流が行われるようになれば、それをグローバル化と呼んでかまわないだろう。

人類史的に見れば、6万年前に、ホモ・サピエンスの一部がアフリカを出て、世界に拡散していったことがグローバル化の始まりである。もちろん、ホモ・サピエンスは誕生したときからアフリカの中で、氏族間あるいは部族間の交易をしていたと考えられるが、この地球規模の拡散が交易の大規模化に拍車をかけたといえる。拡散当初は、おそらく各氏族、部族ごとに、自給自足的な生活形態だったと推定できる。しかし、そのような状況から、たとえば石器に適した石などのリソースの偏在があれば、氏族間、部族間の交易が活発になっていったと推定できる。ちょうど日本において、伊豆諸島や伊万里でとれる黒曜石が、交易によって各地に拡散していった状態を想像すればよい。黒曜石は、その硬さと鋭さからナイフや石鏃の材料として重宝された。

交易の拡大と共に人口も増加していったが、歴史的に見れば、世界規模のグローバル化は、大航海時代に端を発する。大航海時代により、ヨーロッパ諸国が植民地を世界各地に作り始めたが、それを支えたのが株式会社という事業形態であった。これは共同資本による、貿易や植民地経営のための大規模な企業で、代表的なものに1600年に設立されたイギリス東インド会社や1602年に設立されたオランダ東インド会社がある。これによって、ヨーロッパの政治体制や経済体制のグローバル化が始まり、かつ物流や交易のグローバル化が起こった。

明治維新以降の日本もこの流れの例外ではない。江戸期には江戸や大阪（当時は大坂）、京都以外の都市人口もあまり多くはなく、国民の多くが村落コミュニティの中で農業や漁業・林業に従事していた。しかし明治維新以降、国家主導的な資本主義によって産業が発展した。その結果、第一次産業から第二次、第三次産業への労働人口の移動が顕著になり、都市人口の割合も増えてきた。就業者における第一次産業従事者の割合は、1930年に初めて50パーセントを下回り、その後減少を続けて、今世紀以降は5パーセント前後に落ち着いている。これは、産業化による国内におけるグローバル化と呼ぶことができよう。それと並行するように、世界の各国との貿易が盛んになり、世界的なグローバル化の波に飲み込まれている。

グローバル化は、結果的に多くの国において豊かさを生み、大きな科学の発展をもたらしている。

また、5章でも述べたが、各国同士の経済的相互依存度を促進させ、その副産物として、国同士の葛藤の解決に、戦争という戦略上の選択肢が用いられにくくなるというメリットをもたらしている。たとえ戦争に勝ったとしても、相手の被害が大きいと、相互依存に支障が生ずるからである。しかし、同時に負の現象として、ローカルな工業や農業など、比較的弱いとされている産業が世界規模での競争にさらされることになり、倒産、離農の引き金になっている。

さらに、グローバル化に代表されるこの変化は、伝統的なコミュニティに大きな影響を及ぼしている。つまり、コミュニティが崩壊しようとしているのである。たとえば、戦前の日本の農村ならば、近隣には血縁者がたくさん住んでいて、家族ぐるみで付き合いをし、農業などの同じ職業に従事して、生まれて一生同じ場所に住むという人が多数派であった。また、都会であっても、商店街等を中心に地域コミュニティが形成されていた。そうした環境では、仕事における付き合いが、そのまま地縁的・血縁的な付き合いになるという濃厚な人間関係が保たれてきた。また、祭礼などの同じ地域的な行事に参加し、地縁血縁的な交際そのものが生活となっていた。しかし、農村から多くの人々が都市に移動し、また、農村の人々も農業以外の職業を選択するようになると、農村の地域コミュニティが徐々に変化をきたすようになった。それは都市でも同じような現象として現れ、スーパーマーケットなどの大規模な商業施設によって、地元の商店街は次々に閉店に追い込まれたりして人々のコミュニティが消滅していった。また、農村をはじめとする地方から都市に移動した人々は、いわゆる新興住宅地あるいは集合住宅に住み、そこでは個人の情報をお互いに知ることがないような匿名性の高いコミュニティが形成されていった。

このような地域コミュニティの変質を加速してきた理由として、産業構造的な側面以外に心理学的な要因も考えることができる。かつては、農村にしろ、商店街にしろ、コミュニティに適応しなければ生活していくことができないという切実な問題があった。たとえば農村では、灌漑や水利など、共同で行わなければいけないさまざまな仕事があり、それに非協力であることは許されなかった。非協力的な人、あるいは非協力的とみなされた人は、近隣住民との付き合いを絶たれる「村八分」という制裁を受けた。この問題は現在においても、たとえば都市から農村への移住者をめぐってときどき問題視され、人権問題として批判をあびている。したがって、地域コミュニティにおける適応には、そのような制裁を受けないように、戦々恐々としながら協力に従ったという理由もあったはずである。そのような環境では、相互監視が強かったり、またお互いにプライバシーに干渉しあったりと、濃厚な人間関係における負の側面が時には顕在的になる。

したがって、人々が、もし近隣住民との交際を密に行わなくても生活が可能という状況になれば、そのような人間関係を解消してもかまわないと判断することは、当然の帰結なのかもしれない。産業化による第二次あるいは第三次産業への人口の移動によって、第二次世界大戦以前のようなコミュニティでの協力の必要性が低下した。今では水利や灌漑に住民が総出になるような地域は少ないし、また、他の住民の協力が必要とされた葬儀なども、現代では葬儀屋に頼めば何とかなる（最近では、「葬儀は行わない」という選択肢まで登場している）。このような傾向は、１９６０年代７０年代の高度成長とともに増加した新興住宅地において顕著である。近隣にどのような住民が住んでいるのかお互いに知らないという状況も珍しくなくなったが、これはプライバシーを侵害されたり、濃厚な人間関係に煩わされたりすることを避けたいという方向性の結果なのである。

このように、コミュニティが変質しているとすれば、それには、産業構造の変化という要因と、協同する必要性が小さくなれば煩わしい人間関係から逃れることができるという要因の両方から生じていると推定できる。そうすると、産業化による豊かさと、人間関係の希薄化は、正と負の葛藤というよりは、どちらも人々が望んだ結果なのかもしれない。このように考えてみると、本書の１章で掲げた問題、つまり現代は、果たして適応が困難な時代なのだろうかという問題は疑似問題となってしまい、むしろ、生きづらくないにもかかわらず、適応が困難と信じている理由は何だろうかという問題に変更しなければならないかもしれない。

産業化によるコミュニティの変質は、産業国全般にいえることである。ロバート・パットナムは、第二次世界大戦以降の米国のコミュニティの変質に警鐘を鳴らしている[41]。彼は、『孤独なボウリング――米国コミュニティの崩壊と再生』の中で、人間関係としての社会的ネットワークの価値を社会関係資本と名づけたが、この資本が、米国において１９５０年以降減少しつつあることを指摘している。たとえば、ＰＴＡやＮＧＯ、ボランティアに参加する人は減少し続けている。教会での礼拝など、宗教活動も減少している。さらに、概して、インフォーマルな付き合いが減少しているのである。社会関係資本の少なさは、困ったことになったときに頼ることができる人が少ないということを意味する。極端な場合、たとえば豊かな社会であっても勤務先の倒産など不運なことは起こりうるが、このようなさまざまな苦境時において助けてくれる他者がいないということも意味する。また、危機的な状況ではないとしても、インフォーマルな付き合いが減少しているということは、仲間との良好な関係を快として進化した社会的哺乳類として、人生が愉快なものではなくなっている可能性もある。さらには、実際、社会関係資本が少ない人は精神的にも不健康であるのではないかということも示唆されている。

確かに、社会関係資本の維持は煩わしく、必要性が低下すればこの縮小は人々が望んだ結果なのかもしれない。しかし、望んだ結果が必ずしも全体として望ましいとは限らないのである。あるコミュニティの煩わしさから逃避したとしても、コミュニティが存続していれば、またそのコミュニティに戻ったり、あるいは別のコミュニティに移ったりすることも可能だろう。しかし、コミュニティそのものが消滅してしまえば、孤独になる以外の選択肢はなくなってしまう。パットナムが実際に示したさまざまなデータは米国のものではあるが、この傾向は日本をはじめとする先進的な産業国家にも当てはまる現象であろう。

米国や他の西洋諸国においてよりも、日本や韓国など、産業化の開始が遅かった国々においては、このような傾向への変化が速い。変化が速いと、人々の文化的慣習がそれに追いつかず、むしろ米国よりも問題が深刻化する可能性もある。日本において問題視されているのが、無縁社会と呼ばれている現象である[51]。この言葉は、地縁だけではなく、少子高齢化の影響や、結婚しない人が増えて、血縁までが消えつつあるという日本の状況を表現している。とくに、正規雇用されていない単身者において、社会から孤立する人々が急速に増えていて、友人がいない、仕事の関係以外に何かを話すような人がほとんどいないという生活を続けている人も少なくなっている。したがって、もし雇用がストップすれば、人間関係がほぼ完全に消滅するわけである。このように社会関係資本をほとんど持たなくなった社会的孤立者は、精神的に不健康であるだけではなく、食生活などの不規則さ、定期的な健康チェックなどの乏しさから、身体的にも不健康である場合が多いようである。日本の場合は、単身者の孤独死という問題でクローズアップされたが、この日本特有の問題については、7章で再度論じたい。

6-2 文化の低文脈化

本書で「現代の適応の困難」として注目したいのは、グローバル化に伴うコミュニケーションスタイルとその背後の価値観の変化である。この問題について、私は、文化人類学者のエドワード・ホールが提唱した、高文脈文化・低文脈文化という区分がうまく記述してくれていると考えている。(24) ここでいう文脈とは、コミュニケーションのときに話し手と聞き手が暗黙的に共有する情報である。たとえば、大阪において「阪神あかんなぁ」といえば、ほとんど人は、これがプロ野球チームの阪神タイガースの戦いぶりを評していると理解できる。阪神電鉄の株価や阪神百貨店の営業利益等のことを意味しているわけではない。また、阪神地方の全般的な景気動向のことをいっているわけでもない。「阪神あかんなぁ」には「阪神」が阪神タイガースのことを意味し、「あかんなぁ」の評価対象が戦績であることを指しているという情報が省略されている。しかし、お互いに阪神タイガースを応援しているということが暗黙裡に了解されていれば、いいかえれば、それを文脈として利用可能ならば、「阪神あかんなぁ」の一言で話し手の意図が伝わるのである。

図6-1 文脈を共有しないことによる、コミュニケーションの失敗例

一方、聞き手がこのような文脈を共有していないとコミュニケーションは失敗する。たとえば図6－1に示されるように、「阪神」とは、普通は「阪神タイガース」を意味する、という文脈が共有されていない状態で、「阪神あかんなぁ」と言っても、阪神電車のデザインが悪いのか、阪神百貨店の経営状態が悪いのか、多くの解釈が存在する。そうすると、受け手はあまりにも多くの解釈可能性に直面して、戸惑ってしまうわけである。

高文脈文化とは、人々がコミュニケーションをするときに、この文脈に依存する度合いが高い文化で、逆に低文脈文化とは、この依存度が相対的に低い文化である。本書において、この文化の低文脈文化・高文脈文化という区分を重視する理由は、人類の脳が進化した野生環境ではおそらく高文脈文化であり、このような高文脈文化に適応しているはずの人間が、グローバル化によって自らの手で低文脈状況を創り出しているということに、1章で提起した「現代の適応の困難」の問題が深くかかわっているからである。さらに、低文脈・高文脈という概念を導入する場合、ここで区別したいのは、文化が低文脈になっている状態と、状況が低文脈になっている状態である。前者はすでに述べた低文脈文化で、人々は文脈があまり共有されていないことを知ったうえでコミュニケーションしている。後者は、グローバル化などによって単に文脈が共有されていないという状態を意味する用語として使用したい。つまり、低文脈状況では、文脈が共有されていなくて低文脈文化的なコミュニケーションが必要であるにもかかわらず、あるいは自分が低文脈文化的コミュニケーションを行っているつもりであるにもかかわらず、実際には高文脈文化的な価値観が維持されている。阪神タイガースの例を用いれば、阪神地方の文化を共有しない人に、説明もなく「阪神あかんなぁ」と同意を求めるような場合である。

また、日本において、異文化間相互理解が重要であると唱えておきながら、異文化圏からの客が望みもしない「おもてなし」をしてしまうというのも、この典型的な例であろう。たとえば、従業員に部屋に入ってこられるのをプライバシーの侵害と思っている西洋からの客に対し、「布団を敷いてあげるのがおもてなし」と考えていると、文化摩擦を生むことになる。海外からの客を迎えるというような低文脈状況において、このような習慣あるいは高文脈文化的コミュニケーションを修正していくためには、進化的に新しいシステムの使用による相手の文化的背景の理解が重要である。グローバル化によって最初にもたらされるのは、コミュニケーション時に知識や価値観等が互いに共有されていない低文脈状況なのである。そのような状況において、共有されていないということをお互いに理解しあってコミュニケーションを行うという文化的習慣が生まれれば、低文脈文化が形成されたということになる。高文脈文化のままで低文脈状況が形成されると、コミュニケーションや相互理解に齟齬が生じてしまう。兵庫や大阪以外の出身の人が多くなりつつある会社において、社長が昔のように「阪神あかんなぁ」を挨拶代わりに用いても、きょとんとしてしまう社員は少なくないだろう。

言語の進化は、本書では扱うには大きすぎる問題だが、マイケル・トマセロによれば、人類の原初的なコミュニケーションは、文脈に大きく依存したものであったと推定されている。[53] 言語は、ある記号が何を意味するのかという約束事によって成立するが、原初的な状況では、その約束事が現代使用されている言語ほど明確ではない。そのような場合、たとえばジェスチャーや指さしが主たるコミュニケーション手段であるような状況では、話し手と聞き手が共有する豊かな文脈なしにはコミュニケーションが不可能なのである。たとえば、手を広げるというジェスチャーから、聞き手は、何かの大きさを表すということを理解し、また、それが大きな平原なのか、大きな動物がいるということなのかを了解するために、さまざまな文脈を使用しなければならない。原始的な狩猟採集社会のように、血縁や地縁などで強く結ばれている社会では共有される文脈は豊かなので、そのような状況でも適切な解釈が可能なのである。つまり、原初的な社会は高文脈文化であり、そのような状況でのみ原初的なコミュニケーションが成立したのである。

また言語が使用されるようになってからも、部族あるいは氏族単位でコミュニティを作り、狩猟採集を生業とした生活の中では、コミュニケーションは現代よりははるかに文脈に依存したものであったことは疑いえない。一般に、同じような文化背景で育ち、同じ価値観を持ち、同じような文化的知識を持った人々同士のコミュニケーションにおいては、慣れ親しんだ文化慣習に疑問を感ずることもなく、そのようなことが当然としてのコミュニケーションが行われる。「阪神あかんなぁ」も、関西の野球文化を共有していればこそ、通用するフレーズなのである。

　ところが、そのような文化背景を共有しないような人たちと出会うと、この高文脈的なコミュニケーションが通用しなくなってくる。たとえば、金が価値ある金属であることを当然としている文化的なコミュニティに、突如、金よりも鉄のほうが価値があるとする文化で育った人々がやって来たとしたらどうであろう（実際、硬度が高い鉄は、武器や農具としてなら金よりはるかにすぐれている）。彼らを賓客としてもてなすつもりで、「つまらないものですが、お受け取りください」と金でできた工芸品を贈り物として進呈しても、「確かにつまらないものだ、自分たちを敬う気持ちはあまりないのだろう」と解釈される可能性がある。

　このような誤解を生じさせないためには、ウィリアム・グディカンストが主張するように、異文化コミュニケーションのスタイルが必要である[21]。すなわち、自身の文化内でのみ共有されている常識あるいは文脈を、文化背景を異にする相手とのコミュニケーションにおいて使用することができないことを自覚し、文脈の中に埋め込まれたそのような常識等を相手にしっかりと説明する必要が生じてくる。またこのような説明が可能であるためには、相手の文化的背景と文脈を理解しなければならない。金と鉄の場合は、自分たちがなぜ鉄より金を貴重と考えているのかを相手が理解できるように説明する必要がある。腐食しにくいこと、光り輝くこと、また、それが理由で貨幣としても使用可能であるということを相手に理解させる必要がある。いいかえれば、これはまさしく低文脈的なコミュニケーションなのである。2章において、進化的に古いシステムと新しいシステムの区分を行ったが、このようなコミュニケーションでは、進化的に新しいシステムの認知容量を使用しなければならない。

都市は交易の場として生まれ、産業化が進むと、都市人口が増大する。都市では高文脈文化的なコミュニケーションが通じないことが頻繁に起こる。村落コミュニティのような環境では、人々は家族から生育歴までお互いに知悉しており、価値観も共有しているので高文脈文化が形成されているが、都市ではそうはいかない。もちろん、都市にも比較的近所付き合いなどが密な地域もあるが、多くの場合は他所からの移住者で構成されたコミュニティであり、人々の出入りも頻繁である。そこでは、相手の文化的背景の知識も少なく、また文化的価値観などが共有される度合いが相対的に低い。さらに、人口が密集しているので、匿名的な他者との遭遇が、公共の交通機関や娯楽施設など、至るところで生じる。また、都市における人々の結びつきは、概して企業内などの職業を介したものが中心となる。このような場合においても、かつての村落コミュニティにおけるようなコミュニケーションは成り立たない。大きな企業であれば、従業員の育った背景や場所はさまざまであり、お互いの両親やそれまでの友人を知らない者同士である。「その企業で働きたい」などの志向性と何らかの価値観は共有されているかもしれないが、それ以外については全くわからない者同士が出会うわけである。

このような状況では、もし人間関係を創生していこうとすれば、低文脈文化的なコミュニケーションが必要になってくる。「阪神あかんなぁ」のような会話ではなく、とくに関西以外からやって来た相手に対しては、阪神が具体的に何を指すのかを示し、また、阪神タイガース球団が関西ではどのような位置づけになっているのかを説明しなければならないのである。さらに、相手が野球に興味を持っていなければ、あえて阪神タイガースの話題を出すことも控えるという配慮も必要なのである。

国際的なグローバル化は、単に国家間あるいは異民族間の交流が増えたことによってだけではなく、移民や多国籍企業の増大によって、今世紀に入って急激に進んでいる。移民が現地の文化に溶け込もうとするさいに、あるいは多国籍企業に就職した人が異なる国からの同僚と共に仕事をしようとするさいに、典型的な低文脈状況が形成される。この場合、単に互いの文化背景について熟知していないというだけではなく、母語あるいは通常の使用言語も異なっていることが多いという問題が加わる。文化背景が異なると、それぞれの国において文化的に当然とされていることを他国からの人々が知らないということが生ずる程度は、国内のグローバル化の比ではない。それぞれの文化的価値観は、家族観、性役割、仕事観、子ども観、丁寧さについての基準、嗜好品への価値観など、さまざまな領域において異なっている。家族との時間に価値観をおいている文化からの社員は、長時間労働や企業内での社交を重視する文化の企業に戸惑いを感じるであろう。また、男女が比較的平等とされている文化からの社員は、男性が女性よりも給料が高いのが当然と考える企業では憤りを感ずるかもしれない。あるいは、上司への季節の贈答が丁寧な気配りとされる文化からやって来た社員は、贈答品が賄賂に相当すると考える企業においては、大きな失敗をしでかす可能性もある。したがって、このような状況では、自らの常識が通用しないことがあるということを十分に認識して、国内で文化を異にする相手以上に、低文脈文化的コミュニケーションを行う必要がある。いいかえれば、低文脈状況において、快適な低文脈文化を形成していかなければならないのである。

6－3　多文化共生

世界的なグローバル化が進む中で生じている問題は、いかにして多文化共生を達成するかである。多文化共生社会とは、複数のそれぞれ異なる民族、あるいは文化を異にする人々が、互いに立場を尊重し、共存を可能にしている社会の状態のことである。ただし、日本において多文化共生が語られるときは、多数派である日本人あるいは日本民族の中に複数の少数民族集団を受け入れて、調和した状態を保つこととして解釈されることが多いかもしれない。在日韓国人や朝鮮人、あるいは日本に帰化した韓国系日本人や中国系日本人に対する差別をなくすことを目標として議論されることが多いだろう。さらには、近年増加しつつある日本で暮らしているブラジル人との文化的調和状態を想定している場合が多い。総務省は、「地域における多文化共生」を２００６年の『多文化共生の推進に関する研究会報告書』の中で、「国籍や民族などの異なる人々が、互いの文化的違いを認めあい、対等な関係を築こうとしながら、地域社会の構成員として共に生きてゆくこと」と定義している。「地域社会の構成員」ということの重視は、日本においては、このような文化的マイノリティの人々が教育や医療などといった切実な問題を抱えているからである。

最終章で触れるが、日本を含め、世界にはグローバル化に対して批判する人々があり、またグローバル化の意味が理解されていないと、マジョリティ側からは多文化社会に対する拒否も生じてくる。つまり、日本や欧米などの比較的裕福な国に働きにやって来る、あるいは移住して来るマイノリティに対して、拒否感が生じてくるのである。彼らを、自分たちの仕事を奪う脅威として受け取ったり、また、彼らが日本社会における適応のしにくさを訴えると、「嫌なら帰れ」という反応が巻き起こったりする。しかし、グローバル化は、個々にはいろいろと問題が生じているが、長期的に見れば分業と専門化による人類の繁栄のための原因であり結果であって、このグローバル化は豊かさを維持し向上させていくためには、原則として止めるべきではない。

このグローバル化を文化の低文脈化としてとらえると、互いに価値観などの文化背景が異なるということを認めたうえでのコミュニケーションが模索されることになる。19世紀の西洋列強によるグローバル化においては、西洋文明が他の文明を圧倒しており、西洋の基準がグローバルの基準であった。その影響は現代でも大きいかもしれない。しかし、21世紀におけるグローバル化では、より互いの文化を尊重するという姿勢が必要であろう。といっても、「お互いに理解しあいましょう、お互いに仲良くしましょう」とお題目を唱えるだけでは、効果的な解決に結びつかない。グローバル化によって生じている低文脈状況は、人類の脳が進化した野生環境の高文脈文化とは異なっており、したがって、ある程度の適応の困難を受け入れるという覚悟が必要である。そして、そのように創られた低文脈文化では、進化的に新しいシステムを駆使して、相互理解が必要であることを自覚しなければならない。

3章でも論じたように、進化的に新しいシステムが古いシステムの出力を修正して機能するためにはいろいろと困難もある。しかし、4章と5章で示したように、歴史的に長い目で見れば、進化的に新しいシステムによると思われる変化を着実に遂げているともいえるのである。この変化は、やはり異文化と出会って大きな戸惑いを感ずるという経験を積み重ねるといった地道な草の根的な活動で徐々に生ずるものなのかもしれない。また、異文化に対する戸惑いは、自然と自らの文化に対する内省的な態度を促進することも期待できる。自らの文化において当然とされている文化習慣について、異文化からやって来た人々がもし理解できないような場合に、その自分たちの文化習慣の根拠や合理性を説明しなければならないが、それを考える契機になる。たとえば、金の価値が高いと考えられている文化集団の人は、鉄の価値が高いことが当然とされる文化の人にそれを説明するためには、なぜ金の価値を高いとする文化習慣が生まれたのかを、進化的に新しいシステムを用いて考えなければならない。このような文化習慣の中には、幼少期より刷り込まれるようにして慣習化し、あまりにも当然として守ってきたものもある。とくに、宗教的慣習については、3章で例にあげた岸和田のだんじりや、諏訪大社の木落しなどの非常に危険を伴う行事のように、この文化を理解しない人々に説明するのはかなり困難と思われるものもある。

迷信などによる非合理的な価値観や非合理的な社会制度は、異文化との出会いによって改められることも多い。代表的な例が日本の明治維新かもしれない。士農工商などの固定的な身分制度から能力主義への変革があり、封建制度から官僚的な中央集権的政治システムへの大きな転換を成し遂げた。明治維新の場合は、西洋の圧倒的な文明の産物を見せつけられることによる、また西洋列強の植民地主義に対する危機感による改変である。そういう危機感が小さければ、明治維新ははるかに遅くなっていた可能性も否定できない。歴史においては、さまざまな異文化との接触・交流がある。日本の明治維新と似たようなことが、およそ1万年前に中東で起きた農業革命が巨石文化とともにヨーロッパを西進していった状況においても起きていたかもしれない。巨石文化と農業の生産性に圧倒され、ヨーロッパの人々はそれを受け入れていったのだろう。そして、そのときに、ちょうど日本人が明治維新時にチョンマゲを止めてしまったのと同じように、狩猟採集民として持っていた文化が、遅れたものとして徐々に廃れていったかもしれない。

異文化的な体験の増大は、肯定的な変化の要因となりうる。第二次世界大戦後は、産業化とグローバル化がそれまでと比べて加速度的に進んだ時期である。国々の経済的相互依存が戦争を抑止している可能性についてはすでに述べたが、個人レベルでも異文化的な交流が活発になって低文脈状況下に身をおく経験は、マインドリーディングの適用範囲を確実に広げている。つまり、マインドリーディングが適用されるのが、自分の家族またはコミュニティ内で文化を共有する人たちだけで、共感を覚える対象がそのような人たちだけだったという状態から、異文化体験によって、文化を異にする人たちにも適用されるようになった。そうすると、仕事などで一時的に付き合う人から匿名的な他人に至るまでが共感の対象となり、それが、5章で述べた殺人・暴力、差別などの抑制の一因になっているのではないかと推定できる。

7章 事例としての日本

7-1 高文脈文化社会としての日本

6章で、エドワード・ホールが提唱した文化の低文脈・高文脈という区分に言及したが、それは一つには、ホールが東洋は西洋と比較して高文脈文化であると指摘しているからである。[24] したがって、現代のグローバル化における日本の問題を議論しようとすると、非常に重要な概念なのである。東洋が高文脈文化で日本もその例外ではないといわれると、多くの人は、そういえば私たちの日本文化では、「阿吽の呼吸」や「以心伝心」に価値が求められているということを思い起こすかもしれない。阿吽の呼吸も、以心伝心も、互いに相手の心情や意図などを読み切らないとできないので、これは高文脈文化での典型的なコミュニケーションである。ただし、日本が高文脈文化の国であると主張するためには、このような逸話的な証拠だけではなく、科学的な研究データの蓄積が必要である。実際、どの国が低文脈文化でどの国が高文脈文化かについては、諸研究で完全に一致しているわけではない。実際の会話の記録などから文脈の高低を判断するのは困難で、現実的には、言語の構造的側面や、既存のテクストを分析するという手法によって推定される。

たとえば、ウェブサイトのコンテンツの分析によれば、日本語、中国語、韓国語のコンテンツは、米国や北欧のものと比較して、テクストよりも視覚に訴えるものが多いということが知られている。[56] 私たちの感覚からすると、文字がびっしりのコンテンツよりは図式などで視覚的に理解を促進させてくれるものがありがたい。ただし、視覚的表現は文脈によって情報を補って初めて理解可能となるので、もし補う文脈に不足があれば正確なメッセージにならない。日本や中国、韓国などの東洋では、解釈のために利用できる文脈が豊富に共有されており、視覚的図式が用いられやすいと推定できるのである。さらに、このような図式を解釈するために文脈的情報を用いるのが当然という社会規範があるために、図式の使用が習慣化されているとも考えられる。いずれにしても、視覚的図式の多用は、東洋が高文脈文化であることの根拠とされている。

心理学の実験のような直接的な証拠は数多くあるわけではない。マグダレナ・ラクロウスカは、低文脈・高文脈という区分を積極的に用いているわけではないが、32カ国から収集した感情表現についての興味深い比較文化的データを報告している。[45] この研究で注目すべきなのは、それぞれの国における文化の歴史的異質性の程度と顔による感情表現との関係である。文化の歴史的異質性とは、その国が成立する過程で、どの程度さまざまな異文化集団が加わったかの程度を表すが、概して、東洋の国々よりは西洋の国々のほうが高い。中国では周辺から多少なりとも異文化集団がやってきたが、その多くは漢化してしまっている。一方、ヨーロッパでは、次から次へと新たな異文化集団が現れて、それらが部分的に混交しながら複数の国が形成されている。また米国は、ヨーロッパなどのさまざまな国・地域からの人々が集まってできた国家であり、最も歴史的異質性が高いとみなされている。そして、彼らの調査結果から、歴史的異質性が高い国ほど感情を表すための顔の表情を明確にしているということがわかっている。歴史的異質性が高いということは、文化背景を共有しない人にも理解できるコミュニケーションを行うべきであるという社会規範が生まれやすく、そのためには解釈が曖昧な表情では相手に意図が伝わりにくい。一方、異質性が低ければ、表情が曖昧であっても、共通の文化習慣でその解釈が容易になる。この対比は、いいかえれば、前者が低文脈文化であり、後者が高文脈文化に相当する。高文脈文化では曖昧な感情表現でも、それを解釈する文脈手がかりがあるのだが、低文脈文化では手がかりが少ないので明白な感情表現にする必要があるわけである。

低文脈文化・高文脈文化という区分を議論する中で注目すべきは、日本語における主語の省略であろう（日本語は、主語だけではなく、目的語などのあらゆるパーツが省略されやすいともいわれている）。このような省略はどの言語にも多かれ少なかれ存在するのだが、日本語と韓国語において省略の許容度が高い。主語が省略される理由の一つは、省略された主語が文脈から復元可能だからである。つまり、これは高文脈文化だから、いいかえれば文脈を使用して復元すべきという規範があるからこそ可能であり、逆に、省略の程度は、文化の高文脈度の指標になりうるわけである。日本語話者の感覚からすると、話し手と聞き手にとって主語が自明であるならば、ことさら述べるのは冗長ということだ。これを指摘したのは池上嘉彦だが、彼は、言語をダイアローグ的言語と、モノローグ的言語に分類している。[30] 一般に、ダイアローグ的言語では、目的が相手と議論したりすることなので、伝えられる内容は相手にも理解しやすいことが求められる。したがって省略があった場合でも、ダイアローグ的言語では聞き手はそれを復元可能である。一方、モノローグ的言語では復元可能なのは話し手だけなのである。日本語はモノローグ的言語とされ、一般には復元が困難なはずなのだが、これを可能にしているのが高文脈文化と推定されるのである。

さらに、話し手と聞き手のふるまいについて、話し手責任の言語、聞き手責任の言語という分類も可能である。つまり、コミュニケーションが不成功だった場合に、どちらの責任を問うのかという視点から考察すると、日本語は聞き手責任の言語に分類されるようである。つまり、話し手が省略したことを聞き手が文脈で復元せねばならず、復元できないのは聞き手が悪いということだ。このような規範は、高文脈文化の中で生じてきたといえる。省略を含んだ文言を理解できないとき、省略した側に責任があるのではなく、文脈を適切に使用できなかったという責任を問われるわけである。多少逸話的な例になってしまうが、日本においては、とくに話し手が上位の階層にある場合は顕著かもしれない。「良きに計らえ」という一言の命令で、家臣はそれを理解しなければならない。家臣が良きに計らったつもりで何かを行っても、失敗すれば家臣の責任となる。

低文脈・高文脈を指標として言語の特徴を見ると、同じ東洋で高文脈文化とされている中国で用いられている中国語では、日本語と比較して主語の省略はほとんどないので、この論拠は奇妙とも思えるかもしれない。実は、この点はまだあまり議論されていない。大まかには北米を含めた西洋は低文脈文化、東洋は高文脈文化ではあるのだが、たとえば東南アジア、アフリカ、中近東、中南米などについてはまだまだ推定の域を出ていない。おそらく、東南アジアやアフリカは高文脈文化と思われるが、中近東や中南米については明確ではない。また文化的・歴史的異質性と文化の低文脈・高文脈の次元とは関連はしてはいるが、必ずしも一致しているわけではない。たとえば、マレーシアは多民族国家だが、文化集団（マレー系、中国系、インド系、インドネシア系、タイ系）同士の交流が活発とはいえず、それぞれの民族において比較的高文脈文化が形成されているようだ。一国の中に多くの異文化集団が存在しても、そのような異文化集団間の交流が少なければ、それぞれの文化において高文脈文化が保たれたままになるわけである。

低文脈文化、高文脈文化の相違に関連して、このような文化差領域に興味がある人には、西洋の個人主義文化と東洋の集団主義文化という対比が連想されるかもしれない。この区分を体系的に明確にしたのはハリー・トリアンディスで、彼によれば、個人主義とは、自分自身を家族や部族といった集団から独立したものとみなす個々人から構成され、他者の目標よりも自分の目標を優先する社会的なパターンとして定義される。一方、集団主義とは、自分自身を集団の一部とみなす緊密に結びついた人々から構成され、集団から課せられる規範や義務に主として動機づけられ、自分自身の目標よりも集団の目標を優先し、集団内での結びつきを重視する社会的パターンとして定義される。(54) 一般に、ヨーロッパと北米、およびオーストラリアとニュージーランドは個人主義文化であり、それ以外の、アジア、アフリカ、中南米は集団主義文化であるとされている。そして、西洋の低文脈文化・東洋の高文脈文化という区分は、トリアンディスの中では、個人主義文化・集団主義文化という区分の一側面として扱われている。つまり、個人主義文化の人は、自分を周囲から切り離す認識傾向があり、それがメッセージを文脈から切り離して理解しようとする文化習慣につながっているが、集団主義文化の人は、メッセージは文脈から切り離すことができないという世界観を持っているというわけである。

本書では、個人主義・集団主義よりも、低文脈文化・高文脈文化という区分を重視しているが、その理由は、この区分のほうがコミュニケーションと人間関係のあり方により密接に関係しており、また、現代のグローバル化を語るのに低文脈化という概念は避けて通れないが、ここでは高文脈文化とされる日本人はどのように低文脈状況に適応すべきなのかという問題が生じてくるからである。

7-2　状況・文化の低文脈化への適応の難しさ

このように、日本の文化を高文脈文化と考えると、日本人は、グローバル化とそれに伴う状況の低文脈化に対して二重、三重の意味で不適応を覚えることになるかもしれない。まず、グローバル化によって、世界の人々は状況の低文脈化への適応を余儀なくされるようになったが、高文脈文化で育った日本人には、その適応の困難さが倍加しているといえるのである。さらに、グローバル化において用いられる基準は、東洋人には残念なことだが、その多くが西洋文化圏で生まれた基準なのである。この適応困難は、東南アジア等のグローバル企業の中の現地採用された人々の間でもかなり見られる。東南アジアのグローバル企業では企業内の公用語が英語となっているので、英語が公用語になっていないタイなどでは、人々は英語の使用で苦労し、西洋文化圏のルールに戸惑い、さらに低文脈状況に適応しなければならない[57]。

低文脈状況への適応の難しさは、海外からやって来た人に何かを説明する経験をした人には理解しやすいと思う。まさに文化背景を異にする人々とのコミュニケーションが必要なのである。たとえば、西洋人からの最もまごつく質問に「あなたの宗教は?」がある。多くの日本人は仏教と答えるであろうが、ではブッダを信じているのかと追及されると、返答に困ってしまう。とりあえず、「お盆などにはお寺にお墓参りに行くから、私は仏教だ」と答えれば、では祖霊信仰が仏教なのかと追撃を受ける。祖霊信仰はどちらかというと儒教的で、仏教とは違うのだがと心の中で思っても、それを説明するとまた面倒になる。とりあえず、文化習慣的に仏教なのだと答えると、では、クリスマスも文化習慣として楽しんでいる日本人はキリスト教徒といってもいいのではないかと畳みかけられてしまう。さらに、日本では教会で結婚式をあげる人も多いが、彼らはどうなのだと追及されて、それでも彼らはキリスト教徒ではないのだと反論すると、「では日本では、どうして神父がキリスト教徒以外の人の教会での結婚を許可するのか」と質問され、こちらは相手に理解してもらうことを、相手は理解することを諦めてしまうことになる。

こちらから何かを依頼したい相手が低文脈文化出身の人物である場合に、一般によりストレスを感ずる。そもそも、よほど気楽に頼める相手ではない限り、他者への依頼行為そのものがストレスなので、たとえば日本人同士なら、して欲しいことを相手にそれとなくほのめかして、相手がそれに気がついてくれることを待つような戦略をとる場合が多々ある。とくに、依頼することによって、無遠慮な人間であると思われたくないようなときにそうしやすい。これが、同じ日本人の場合は気がついてもらえる確率は高いが、相手が西洋人となると、よほどの日本通でない限り、かなり難しい。低文脈文化で育った西洋人は、相手の素振りから何かを察するという文化習慣を身に着けておらず、何かして欲しいことがあるならば直接言って欲しいと考えているからである。

実は、この依頼のストレスは、東洋人においてより大きいようなのだ。実際、キム・ヒジョンたちの研究から、アジア系米国人は、ヨーロッパ系米国人と比較して、困ったときに直接的に援助を求めることをためらい、かつ頼むのにストレスを感じやすいという結果が得られている。(32)おそらく高文脈で育ったアジア系の人々は、文脈によって、言葉に直接表現されていない依頼者の意図が復元可能で、そのようなコミュニケーションに慣れているのだろう。援助を直接的に求めなくても、ほのめかすだけで援助を受けることが可能なのである。したがって、慣れていない直接的な依頼を行う場合は、断られたらどうしようとか、図々しい人間だと思われたらどうしようなどと思い悩んでしまい、ストレスをため込んでしまうわけである。

高文脈文化に慣れていると、こちらの要求を察しない人に対して怒りを感じてしまうことがよくある。これは私自身の情けない経験だが、英国への出張から日本に帰国するときのロンドンの地下鉄の中での話である。ヒースロー空港と市内を結ぶピカデリー線では、車内にスーツケースを置けるスペースがあり、そこはスーツケースに優先権がある。私は、そのスペースが空いたので自分のスーツケースを移動させて置こうとしたが、瞬時の差で、カップルにその場所を奪われてしまった。スーツケースではなく、二人の人間がそのスペースに移動したのである。私は、スーツケースを中途半端な場所に置いたまま途方にくれ、何とかそのカップルにこの状態を「察して」欲しいと思ったが、彼らは一向にその場所から動こうとせず、私はかなり頭にきてしまった。しかし、結局私は彼らに何も言わなかった。実は、解決方法は簡単であるはずであった。そこがスーツケースの優先場所だと告げて、彼らに移動することを求めればいいだけであった。何も言わずに、「察してくれない」という理由で自分の怒りを高めるというのは、高文脈文化の人間の典型的な悪癖だろう。

日本人を含めた高文脈文化の人間が、産業化やグローバル化による状況の低文脈化よって感ずる最も大きなストレス、あるいは適応の困難の本質がここにあるかもしれない。このような国同士の文化差以外に、都市部と地方あるいは村落の違いも当然存在する。どの国においても、都市部は分業による産業化で、最も低文脈文化的な地域である。一方、農林漁業を生業とする地域は、村落の伝統的なコミュニティを残しているところが多く、高文脈文化が維持されている。したがって、伝統的コミュニティから都市への移住、退職などによって都市から伝統的コミュニティに移住する人々の間で適応の困難が生じている。とくに、高文脈文化で育った人間は、自分が知らない人間、あるいは自分を知らない人間との接し方、つまり低文脈状況下でのコミュニケーションのあり方がわからないのである。一方で、人間関係を築き上げるさいには、高文脈文化下でのように、お互いに知悉しているような人間関係を求めてしまう。したがって、文化背景がわからない他者は、このような関係を築くことができずに脅威となるわけである。すると、困ったときに誰かに何かを依頼したいときにも、自分を知悉してくれている人がいないと不安になり、依頼するのにストレスを感じてしまう。また、たとえば電車の中のような公共の場において、マナーに違反している人を注意しようにも、その人がどんな人なのかわからなければ、怖くて注意できないということになる。日本における現代のストレスの要因の一つが、高文脈文化に慣れた人々の、産業化やグローバル化によって急激に低文脈化状況となりつつある社会への不適応にあるといえる。企業において、地域において、あるいは公共の場において、現実には低文脈状況となっているにもかかわらず、適切な低文脈文化を創り上げることができず、高文脈文化の幻想を持ってコミュニケーションを行おうとして失敗しているのかもしれない。

6章において、日本における最近の問題の一つとして無縁社会と呼ばれている現象を紹介した[51]。地縁や血縁がないままに社会で孤立すると、全く「縁」がなくなるという状況を表現しているが、この現象も低文脈状況下の問題ととらえることができる。とくに日本の場合、高文脈文化のままで産業化による低文脈状況に急激に変化している。そうすると、これまで当然のように存在した「縁」がなくなったときに、それをどのように作り上げていくのかわからなくなってしまう。「縁」が存在するのが当然という高文脈文化では、親も社会も誰も「縁」をどのように作り上げていけばよいのかを教えてくれなかったからである。東洋人は西洋人と比較して他人に助けを依頼するのによりストレスを感ずるという知見にあるとおり、そうすると、他人にヘルプのサインを出すことができずに孤独になっていくわけである。

また、現代の日本において増加し、社会問題化している「ひきこもり」の現象も、状況的低文脈化の影響として説明できるかもしれない。ひきこもりとは、日本の厚生労働省によれば、仕事や学校に行かず、かつ家族以外の人との交流をほとんどせずに、六か月以上続けて自宅にひきこもっている状態と定義される。これは現象あるいは症状であって、原因は多様である。精神疾患が原因である場合もあれば、明確な精神疾患がないにもかかわらずひきこもる場合もある。共通しているのは、対人的な不安である。ひきこもりという現象が注目された当初は、青年期のアパシーや不登校の延長として考えられたが、現在は中高年への長期化も問題視されるようになってきている。ひきこもりの厳密な世界的な統計資料はないが、この現象は、日本、韓国、台湾などに多いようである。つまり、高文脈文化と推定される地域である。そして、産業化によって比較的豊かな国になっていることだ。ある程度豊かな国でないと、経済的にひきこもることもできないからである。また都市部では、農村部と比較して多いということもわかっている。共通していえることは、伝統的には高文脈文化を形成しながら、産業化・都市化によって急激に低文脈状況が出現した国々・地域ということである。

もちろんひきこもりの原因を、状況の低文脈化だけに求めようとするわけではないが、自分が安心して加わることができるコミュニティが崩壊し、文化背景や価値観を十分に知ることなしに人間関係を結ばなければならない状況が増加し、また通勤・通学電車のように、匿名で接しなければいけない多くの人々に囲まれると、他者に対する恐怖が生じてきて、ひきこもり現象に結びつくのだろうと推定することは可能だろう。ひきこもりの専門家からは、そんなに単純ではないという批判はもちろんあるだろう。しかしマクロ的に見れば、このような図式がほぼ当てはまるのではないかと思える。また、ひきこもりが都市部に多いという事実からも、状況の低文脈化度が進んでいる地域で起きているといえるのではないだろうか。低文脈文化が形成されないままに産業化によって都市化し、低文脈状況が作られてしまって、高文脈文化に慣れた人々がひきこもり状況を起こしやすいと解釈できるのである。

一方西洋文化圏では、ひきこもりは少ない。6章で紹介したように、状況の低文脈化は産業国の至るところで起きており、ロバート・パットナムが指摘したように、米国ではコミュニティが崩壊しつつある。[41] コミュニティに守られていない人々が増えたはずなのだが、欧米においてひきこもりはあまり耳にしない。例外として、日本と同じように成人になっても親と同居する比率が高いイタリアでは、ひきこもりは少なくないかもしれないといわれているが、これも明確な統計があるわけではない。西洋の場合は、ひきこもりに相当する行為がホームレスともいわれている。この場合、他者への恐怖というよりも、状況の低文脈化による人間関係への絶望としての行動と解釈できるかもしれない。そして、日本をはじめとする東洋の人々とは家族関係のあり方が異なり、逃げ込む先が家ではないのかもしれない。

この違いを、西洋人には、日本文化における「甘え」のようなものが存在しないからではないかと説明できるかもしれない。しかし、「甘え」自体が別の大きなテーマであって、本書で扱うことは困難なので、ここでは詳細は割愛する。ただし、高文脈文化の中で、自らが周囲の人々に働きかけを行わなくても誰かが自分を助けてくれるという期待が強いとすれば、それは「甘え」という用語と置き換えても良いかもしれない。高文脈文化では、自分を他者に知ってもらうことあるいは他者を知ることを、自らの努力によって行う必要がない。その理由は、そうした文化においては、最初から互いに知悉しているからである。そのような環境では、自分が何か困ったときに、直接誰かに助けを求めなくても、周囲の人たちは文脈を利用してそれをすぐに察してくれ、助けてくれるからである。これが、文化の低文脈化によって、周囲が、家族以外が見知らぬ他者となり、誰も自分のことを気にかけてくれなくなると、家にひきこもらざるをえない状況に陥るのかもしれない。

日本におけるもう一つの懸念は、ここ10年ほど指摘されている、コミュニケーション障がいといわれる人の増加である。コミュニケーション障がいは、元来、言語的な障がい等でコミュニケーションに困難を感ずる症例の総称であるが、現代では、「コミュ障」としてコミュニケーションがうまくとれない人たちを揶揄する用語として広まっていった。厳密には、増加しているとされる理由は、これまで「勉強ができないおかしな子ども」程度にみなされていた子どもたちが、コミュニケーション障がいとして診断されるようになったことがあるかもしれない。診断が明確化されれば、少なくとも診断された子どもは増える。

コミュニケーション障がいが増えた原因の一つとして、産業化や高度経済成長の急激な低文脈状況化が考えられる。高文脈文化においては、他者の意図は推測しやすい。しかし、状況が急激に低文脈化すると、ある程度成長して初めて出会う人について、どのような意図を持っているのか、あるいはどのように接すれば自然なのか、戸惑うことが多くなる。日本の伝統的な社会では、小中学校までは地元の同質な文化が共有されているかもしれない。しかし、現在では人々の移動が活発になり、また文化背景を異にする人々との出会いが増えた。そうすると、価値観が異なる、前提としていることがらがわからない、ジョークが通じないなどの困惑した経験が増え、その結果、コミュニケーションに支障が生じて、コミュニケーション障がいとされている可能性がある。高等学校や大学、あるいは遠隔地での就職は、さらに異質な文化背景の人々との出会いとなるが、コミュニケーション障がいは、このような環境でさらに顕在化しやすい。

また、マインドリーディングマシンは進化的に古いシステムと考えられるが、進化的に古いシステムのマシンであっても、その機能が文化普遍的にどのような環境においても出現するわけではない。マインドリーディングマシンが進化したのは野生環境であり、野生環境では、多くのきょうだいや血縁の子どもたちに囲まれて、遊んだりけんかをしたりして育つのが当たり前であった。文化は極めて高文脈的であったわけである。マインドリーディングマシンは、おそらくそのような環境を当て込んで進化したのであろう。それは、私たちの肺が、窒素対酸素の割合がおよそ4対1である環境を当て込んで進化したことと同じである。酸素の比率は幸いにしてほとんど変化がないので、肺はこの環境で十分に役立っているが、マインドリーディングマシンはそうなっていないかもしれない。単に機能しにくいだけではなく、機能するように発達しにくい可能性があるのである。

この点はまだ学術的に実証されたことではないが、杉山幸丸が『進化しすぎた日本人』の中で指摘していることと同じである。(48) 幼児期・学童期に当たり前のように遊ぶことができた環境が、前世紀の終盤ごろから脆弱なものになっている。マインドリーディングマシンも、適応的に機能するようになるためには、小さいころより、自分と同世代あるいは年長の子どもたちと、遊んだりけんかをしたりするという経験を通すことが必要であろう。現代の日本における子どもの置かれた環境に対して、危惧が感じられるのである。

8章 精神の劣化？

8-1 悲観論者《ペシミスト》への反論（1）――モラルと道徳観

7章をのぞくここまでの論調から、本書は、現代について珍しく楽観主義的な主張が並んでいると思われた方が多いかもしれない。実際、現代を論じた書籍には、悲観論的なものが主流を占めている。1章で紹介した自然回帰的なノスタルジーの影響なのか、人工化する環境への危機感なのかわからないが、俗説・通説を含めて、現代の危機を強調するものが非常に多い。そのような諸説の中には人間の精神の劣化を警告するものもある。それらは、モラル等の道徳心についてのものと知能等についてのものとに分けられるだろう。このほか、社会の仕組みの劣化も主張されることがあるが、ここでは、モラルの劣化と知能あるいは知性の劣化の悲観論を紹介し、それらに反論してみよう。

「現代人は思いやりがない」や「最近の若者にはモラルが欠けている」などのモラルの劣化についての主張は、そのほとんどが俗説である。実は、科学的実証を重視した研究や書籍で、モラルあるいは道徳心の低下・劣化を危惧したものはほとんどない。さらに、モラル・道徳は、文化相対的であるため、ある行為がある文化では道徳的だが、別の文化に行くと非道徳的となったりすることがあり、絶対的な道徳性の基準が明確ではない。そうすると、時代ごとの文化背景が異なるなら、道徳の基準が変化しても不思議ではないし、そもそもどの時代のモラルがすばらしいかという議論自体がしにくい。

しかし、インターネットを使用して、「モラルの低下」というキーワードで検索をすると、多くのウェブサイトがヒットし、それらにおいて、最近の日本人、あるいは現代の若者、さらにはキレる高齢者などのモラルのない行動が列挙されていて、現代におけるモラルの低下が嘆かれている。電車の優先座席を譲らない若者、あれだけ危険性を指摘されながらスマートフォンを操作しながら歩き続ける人、ゴミのポイ捨て、インターネット上の中傷、ヘイトスピーチなど、数え上げるときりがなさそうである。また、最近の日本の政治の右傾化や、米国におけるトランプ現象、ヨーロッパにおける極右の台頭なども、現代人のモラルの低下の側面としてあげられるかもしれない。

個々のモラル、道徳観などについていろいろと異論があるかもしれないが、全体的に見れば、5章でスティーヴン・ピンカーの主張として取り上げたように、暴力、殺人、戦争は減少し続けている。また、第二次世界大戦後についていえば、それらに加えて、弱者の立場を考慮する人権意識の高まりが指摘されている。この人権意識の高まりは、道徳・モラルを押し上げているはずである。ただし、これは米国をはじめとする西洋の国に当てはまることで、日本では急激な産業化によってモラルは劣化している可能性があるという指摘もあるかもしれない。

しかし実際、たとえば日本における戦前や戦後から1970年代を振り返ればどうだろうか。暴力や犯罪が現在より多かっただけではなく、性のモラルや交通のモラルも現代と比して決して高かった

表8-1　日本における各年における犯罪と交通事故の件数

	人口10万人あたりの発生件数					総交通事故件数	自動車1万台あたり	
	一般刑法犯	殺人	傷害	強姦	強制わいせつ		死者数	負傷者数
1950	1736.96	3.44	50.85	4.23	1.41	33,212	108.4	656.7
1970	1222.75	1.90	48.57	4.93	3.15	718,080	5.9	345.6
1990	1324.01	1.00	15.72	1.25	2.21	643,097	1.4	101.2
2010	1238.70	0.83	20.80	1.01	5.52	725,773	0.5	99.3

（注）一般刑法犯とは、刑法犯から自動車運転による犯罪を除外したものである。犯罪データについては法務省犯罪白書、交通事故データについては総務省道路交通事故統計から抜粋。

とはいえない。参考までに、表8－1に、人口10万人当たりの一般刑法犯、殺人、暴力（傷害）、強姦、強制わいせつ、および自動車1万台あたりの交通事故についてのデータを示した。殺人や暴力は、すでに5章で述べたとおりであり、確実に減少している。もちろんこの減少の理由として、刑事捜査が科学的になり、犯人が検挙されやすくなって、このような犯罪が割の合わないものになってきたということもあるだろう。しかし、厳罰では犯罪は抑止できないともいわれている中で、この減少は注目に値する。性のモラルについても、人々の意識変化が見られる。戦前あるいは戦後すぐの時代は、政治家に妾がいて当然のような時代であったし、1970年前後の韓国への買春ツアー、1970年代後半の東南アジアへの買春ツアーは、当時かなり盛んであったようだ。私の知人のフィリピン出身の大学教員は、今でも当時のこのツアーを語るときはかなり憤然たる面持ちだ。買春ツアーはひょっとしたら現在でも隠然と存在するのかもしれないが、当時はもっと大っぴらであり、犯罪組織が関係していたともいわれている。また、表８－１には強姦と強制わいせつのデータもあげているが、強姦は明らかに減少している。強制わいせつが増加している理由は、以前はわいせつと認識されなかった事例に対して被害者が声をあげるようになったためと推定されている。

交通マナーにしても、少なくとも交通戦争といわれた１９７０年と比較すると、はるかに良くなっていないだろうか。当時は、暴走や交通トラブルが多かった。暴走族と警察はイタチごっこを続けていたし、ロードレイジと呼ばれる、運転手が車の運転中に割り込みや追い越しなどに腹を立てて行う過激な報復行動も多かった。その結果、暴行や、幹線道路や高速道路での抜きつ抜かれつのカーチェイスが見られることも珍しくはなかった。ドライブレコーダーなどの普及で、最近になって「あおり運転」が問題視されているが、これも当時は日常茶飯事であった。しかし、このようなトラブルは私自身ここ20年ほどほとんど経験しないし、運転中に見かけることもめったにない。その実感が、データに如実に現れている。もちろん死者数の激減には、自動車のテクノロジーの高度化も寄与しているが、やはり乱暴な運転がおおかた影を潜めたことが重要な要因であろう。ただし、微細な追突や自損事故などを含めた事故数自体は激減しているわけではないらしい。

モラルやマナー等について非常に興味深いものに、大倉幸宏の『「昔はよかった」と言うけれど』における、戦前の新聞報道に基づく推定がある。大倉は、公共の場におけるモラルや、職業人のモラル、継子や高齢者への虐待についての戦前の新聞記事を紹介し、それらが現在よりもひどいと指摘しているのである。[37] たとえば、１９３９年１月11日付の東京朝日新聞には、駅や列車内において座席をめぐって先を争うスキー客の様子が記されており、席の奪い合いから殴り合いが始まったとまで書かれていた。このほか、戦前の列車内では、弱者に席を譲らない、不正乗車、列車内での飲食とゴミの放置や唾吐きなどが日常茶飯事であったようだ。また、1933年4月20日付の東京朝日新聞には、当時の医師の代表的な不正行為が紹介されている。それによれば、医者の不正行為の筆頭は血液検査のようだ。当時は梅毒の検査がよく行われていたようだが、代表的な例が、この検査料金を極めて低廉に設定しておいて人々が受診しやすくし、第一回検査の結果は陽性であったと虚偽の診断結果を受診者に示し、梅毒治療に必要だとするサルバルサン注射を行い、二回目または三回目には陰性にしてしまうというやり方である。安価な検査に釣られた受診者へのサルバルサン注射分の儲けがそのまま入ってくるというわけだ。

子どもに対する虐待は現代の家族の病理のように解釈されることが多い。核家族が問題であるとか、家族の絆が失われたなどと論評されたりするが、実は第二次世界大戦前のほうがひどかったようだ。たとえば1934年1月10日付の讀賣新聞（現在の表記は「読売新聞」）には、継母による子どもへの凄まじい虐待の話が掲載されている。なんと継母が子どもの学校の弁当のご飯に、生きたミミズを入れていたという話である。新聞記事になるほどだから、当時でもショッキングだったのだろうが、現在では考えられない虐待である。子どもへの虐待は、継母や継父などの血縁のない親の場合はリスクが倍増するというのは文化普遍的なようだが、少なくとも日本においては現在よりも戦前のほうがひどかったのかもしれない。また、昔は高齢者を大切にしたとよくいわれる。しかし、1934年11月29日付の讀賣新聞には、「我国自殺の特徴として、高齢者の自殺の夥しい高率という事実がある」

という表現がある。実際、厚生労働省の人口動態統計による65歳以上の人口10万人当たりの自殺率は、1950年には80・6人だったのが、2000年には、34・4人に減少している。日本人全体の自殺率が、19・6人から24・1人に増えているにもかかわらず、高齢者は減少しているである。三世代同居率が高い1950年のほうが、高齢者への家族内虐待が多かったためと解釈でき、親と同居すれば親孝行のモラルに適っているというのは幻想にすぎないということがわかる。このような同居は決して高齢者にとって幸福なわけではないということが推定できる。

こういった統計等の証拠にもかかわらず、多くの人が、いつの時代も「最近はモラルが低下した」と直感的に判断してしまう。たとえば、日本を事例とした興味深い指摘が、1991年に出版された千石保による『「まじめ」の崩壊』かもしれない。[46] 彼が想定する1980年代の若者（まさに、私だ！）にとって、「まじめ」は、道徳基準として重要ではなくなっているとして、さまざまな事例がその証拠としてあげられている。希薄化した人間関係、仕事倫理の崩壊、親や教師の権威の失墜など、21世紀の特徴の予言にもなっていて非常に興味深い。日本の1970年代は、連合赤軍事件等で挫折があったとはいえ、学生運動がまだまだ盛んな時期だったが、1980年代の学生は三無主義（無気力・無関心・無責任のことで、これに無感動を加えて、四無主義ともいわれる）あるいは、「しらけ世代」とも呼ばれた。何ごとにも、とくに政治等についてまじめに語ろうとすることは「マジ」として、嘲笑の対象になり始めた時期でもあった。また、ヒーローが、絶対的正義と絶対的強さを持つ「ウルトラマン」から、少々ドジでもみんなの仲間という「アンパンマン」や「キン肉マン」になったということも、世相の変化を反映していると指摘されている。これらは興味深い指摘ではある。ただし、このような絶対的正義への疑問や強者への嘲笑は、5章で述べたように、1970年以降の人権意識の高揚の裏返し、すなわち弱者の謀反とみなすことができる。「巨人の星」などのスポーツ根性モノに見られる克己努力的旧道徳への無条件の信頼や、親や教師という強者からの道徳に対する疑義が反映された時期であるといえるだろう。したがって、絶対的な正義や道徳が崩れたといっても、それは道徳やモラルの低下とはいえない。

いつの時代も多くの人が「最近はモラルが低下した」と直感的に判断してしまうのはなぜだろうか。多くの理由が考えられるが、1章で紹介した高貴な野蛮人説が、この用語を知らなくても潜在的に影響を与えているのかもしれない。また人間は、現状について、楽観論よりは悲観論を抱いているほうが、発展へのエネルギーが注がれやすい。私はここで悲観論者に対して批判的ではあるが、悲観論者がいたからこそ、マナーやモラルが向上したのかもしれない。「現代はかつてより悪くなっているのではないか。悪くなっているのなら原因を特定して、良い方向へ導こう」というエネルギーが、自分だけではなく人々、あるいは国の政策までも動かして、現在の良き状態になっているのかもしれない。

ただし、モラルとされるものは、以上にあげた暴力や殺人だけではない。3章でその研究を紹介したジョナサン・ハイトは、道徳にはいくつかの側面があることを指摘し、ケア、公正、忠誠、権威、神聖という道徳の次元を抽出している[23]。これらの類別は、米国社会においてリベラル（民主党）と保守（共和党）のうちのどちらを支持するのかを記述するのに便利である。概して、リベラル支持派はケアと公正を、保守支持派は忠誠、権威、神聖を重視することが示されている。この傾向は、日本においても似たようなものであろう。左派は、福祉（ケア）と経済格差の是正（公正）を主張し、右派は、社会秩序（忠誠）や天皇の権威（権威や神聖）を重視する。ケアや公正は、これまで述べた暴力や不平等の減少にかかわるもので、本書で紹介した事実あるいはデータを根拠にすれば、これらのモラルは確実に向上している。しかし、忠誠、権威、神聖についてはどうだろうか。忠誠や権威は平等主義へと向かう中で、神聖は、宗教の迷信的な側面が薄れていく中で、徐々に弱くなっている。「今の若いものは」という現代のモラルの喪失を嘆く人々の間で語られていることは、親を大切にしない（ただし、すでに述べたように日本における高齢者の自殺率についての統計結果を見れば、昔は親が大切にされていたとは言いにくい）、教師などへの尊敬が薄くなった、神仏への怖れが減ってきたことなどであろう。しかし、これらは精神の劣化とは言いにくい。

モラルが劣化したと人々が信じてしまうもう一つの理由は、モラルの領域固有性である。上で述べたように、ジョナサン・ハイトが5つの次元を抽出しているが、私がここで指摘したいのは、たとえば、交通モラルやインターネットなどの匿名社会でのモラルのように、もう一段細かい領域でのモラルである。つまり、「交通道徳を守りましょう」のように、社会におけるモラルの学習と直結したレベルの領域である。このようなモラルは、新しく登場した自動車という道具や、匿名でのコミュニケーションを可能にしたテクノロジー等によって生じた領域固有的なモラルといえる。新しい何かが登場したとき、私たちはそれについてどのようにふるまえばいいのか、あるいはそこでは何がモラルの基準となるべきなのか戸惑うことが多い。１９６０年代に日本が車社会に突入したとき、交通法規が整備されたが、曖昧な部分での解釈がドライバーによってさまざまであった。速さによる効率と安全性とではどちらが優先されるのか、どのくらいの速さが危険なのか、どの程度のわがままなら許容されるのかといった基準が、まだ人々の中に共通に認識されていなかった。そうすると、遅い車にいらいらしたり、合流をしようとする車を行列の順番に並ばないような人と同じとみなしたりして、それがロードレイジの引き金になったわけである。日本においてロードレイジによる「あおり運転」が問題視されるようになったのは最近だが、すでに述べたように、むしろ1970年代や80年代と比べると、ずいぶんとましになっている。交通マナーも格段の向上があった。この理由は、人々が車社会に慣れ、そこにおいてある程度モラルが確立され、かつ共有されるようになり、そのような攻撃性が次第に影を潜めるようになったからであろう。興味深いのは、現在、中国においてロードレイジがよく見られるという報道である。実際、中国を訪れる日本人の目には、ずいぶんと運転が荒っぽいように映る。しかし、これによって中国人のモラルが低いと判断することは早計である。中国は、日本より遅れて車社会に入ったため、まだ車社会の道徳が確立していないのかもしれない。新しい何かが入ってきたとき、その領域についての道徳やモラルが確立されるには時間がかかる。中国では、車社会の発展が遅かったために、この領域でのモラルの共有が遅れているのである。

インターネットの匿名社会にしてもそうである。私たちの脳は、部族社会に代表される伝統的コミュニティにならば適応力があるが、産業化・グローバル化によって、見知らぬ人々と出会う機会が圧倒的に増加した環境には慣れていない。それだけでもたいへんな困難なのに、インターネットは、ついに会ったこともない人との匿名的なコミュニケーションを可能にした。残念ながら、まだまだ私たちはこれに慣れておらず、何がマナー違反で何が許容されるのかという判断がわからないことが多い。そうすると、匿名を利用した批判のつもりが暴言になったり、ささいな批判にも激怒してしまったりという状況が起こりうる。匿名社会でのコミュニケーションにどのようなモラルを確立すべきなのかという合意がまだ明確になされておらず、したがってモラル共有もされていないことから生ずる問題であろう。インターネット等の暴言やヘイト表現が現代人の病理あるいはモラル低下を代表するものとして取り扱われることがあるが、むしろこの領域におけるモラルが確立されていないためと考えるほうが的を射ていると思われる。したがって、これらも現代人のモラル低下の証拠とはならない。

第二次世界大戦後、産業、とくにハイテクノロジーの発展が目まぐるしくなり、このような新領域が次々に現れるという状況が続いている。さらには、医療技術や生命科学の進歩によって、病気や事故などでクオリティ・オブ・ライフ（ＱＯＬ、生活の質）が極端に低下している人でも生命を維持できるようになった。彼らの安楽死の問題や、重篤な障がいが発見された胎児の堕胎の是非など、専門家であっても安易に道徳判断ができないような領域も生じてきている。一昔前ならばほぼ生きることができなかった人の生命を維持することが可能になり、個人の尊厳を保つことができないままに生命だけ維持されているという状態が生じてきたのである。安楽死は、「殺してはいけない」という道徳の黄金律に反するので、従来なら考えられない選択であった。しかし、ほとんど身動きができずにただ死を待つのみで、耐えがたい苦痛が持続している患者が安楽死を選択できないということに、疑問を持つ人々が増えてきているのも確かである。安楽死を選択できるのかという、専門家にも判断できないこの問題は、現代の倫理学の大きなテーマである。これらの問題も、20年後くらいには何らかのルールと道徳律が生み出されていて、解決されているかもしれない。あるいは、ひょっとして科学の進歩は、このようなＱＯＬが低い患者から苦痛を取り除くことを可能にしてくれるかもしれない。そうすると安楽死という選択肢は再び除外される。

今後は、今よりもさらに進んだ科学やハイテクノロジーによって、私たちが予想できないような新たな道徳やモラルの問題が生じてくる可能性が高い。とくに遺伝子操作についてのモラルは今後の課題である。ある新しい領域に慣れて、そこに新たな道徳基準が確立されてモラルが守られるようになると、今度はまた別の領域が登場してしまうということが続くのである。そうすると、現代は過去よりも常にモラルが低下しているという印象が続くことになる。

8－2　悲観論者《ペシミスト》への反論（2）――知能・知性は劣化しているのか

知能については、はっきりしたことがわかっている。5章ですでに紹介したが、フリン効果と命名された、ここ50年間の知能テスト得点の向上である。したがって、おそらく劣化はありえない。しかし、さまざまな分野の識者からの、IT産業の発展とコンピュータの普及によって人間の思考が歪められたのではないかという指摘は少なくはない。ただ、そのような指摘は、取るに足らないものがほとんどで、取り上げる必要がないのかもしれないが、モラルの劣化と同じように、「思考の劣化」が現代の病理であるかのように書かれている文章はいろいろなところで見つけることができる。たとえば、デジタル思考批判である。正確にはデジタル思考と呼ぶよりは、「真」か「偽」の二分法的思考と呼ぶほうが正しいが、識者の中にも、デジタル思考によって柔軟な思考ができなくなっていると思い込んでいる人が散見される。デジタル思考批判にもさまざまあるが、共通点は、最近の日本人はコンピュータの影響でデジタル思考化しているらしいことである。しかし、これはほとんど根拠がないし、コンピュータを使用するとなぜデジタル思考になるのかもわからない。コンピュータの計算原理が、回路がオンかオフかの二値だからなのか、コンピュータなどがデジタル機器と呼ばれているからなのか、おそらくその程度の理由だろう。また、コンピュータゲームをやりすぎると「ゲーム脳」になるという主張もその潮流に位置づけられる。コンピュータゲームによるゲーム脳は、知性の劣化の代名詞としてしばしばメディアにも登場した。しかし、何か一定の活動を続ければ、脳は当然ながら何らかの変化を起こすが、それはコンピュータゲームに限らないし、その変化が別にダメージであるわけではない。ピアノを続ければピアノ脳になるし、英語を習得すればバイリンガル脳になる。それだからといって、脳が劣化するわけでもなく、むしろ使用によって性能が向上する可能性のほうが高い。コンピュータゲームによるゲーム脳は当初は大いに話題を集めたが、現在では疑似科学以下の扱いでしかない。

もちろん、人間の認知活動を助ける何らかの新しいツールが、人間の認知に影響を与えるということは大いにありうる。たとえば、コンピュータをワードプロセッサとして使用して論文を書くときには、かつての手書きの場合と比べて、かなり異質な頭の使い方をしている。手書きの場合は、少なくとも完全な文を頭の中に考えてから手を動かし始める。しかしワードプロセッサの場合は、一文を頭の中で完成させる前に、書く内容が頭に浮かんだ状態でとりあえず書き出してみるようなことがよく行われる。頭の中で完全な文を作る作業は、進化的に新しいシステムの認知容量をかなり使用する。ところが、コンピュータのワードプロセッサで論文を書くときはこの作業をしていないので、これによって、実は私自身、自分の認知容量が損なわれないだろうかと心配したこともあった。しかし、コンピュータの普及で人々の知能が低くなったわけではなく、逆に1970年以降高くなったとするフリン効果から考えれば、おそらく問題はないのだろう。手書きのときに一文を構成するために使用されていた認知容量は、コンピュータのワードプロセッサ使用の場合には、他の活動に振り分けることが可能になる。たとえば論文全体をどのように構成していけばよいかというプランニングに使用することができているかもしれない。

ホモ・サピエンス史上、大きな認知的革命の一つが、おそらく文字の使用であろう。人類初の文字は、これも人類初の都市である南メソポタミアのウルやウルクにおいて、商取引の記録として用いられた楔形文字だが、それ以前から、原文字（プロトライティング）と呼ばれる何かを表す記号が用いられていたことが指摘されている。この文字の出現は、人類の記憶の方法を大きく変えてしまった可能性がある。原文字や文字の出現によって、記憶の必要性が減少し、ある面では人々の記憶力を減衰させたかもしれない。たとえば、文字を持たない狩猟採集民の中には、氏族の先祖の偉業を伝える超人的な口承的記憶力を示す人がいる。このような能力は、文字が登場する前は当たり前のことだったのが、徐々に失われていったと推定できる。現在の人類の中にも、円周率を7万桁暗記するなど、ときどき超人的な記憶を示す人々がいるが、例外的な能力とされている。

それでは、文字によって私たちの記憶能力や思考能力、あるいは知能は妨害を受けたのだろうか。答えは否である。文字の出現によって、私たちは文字を通して多くのことを学ぶことができるようになり、知識は増加した。また、文字は、音韻と結びついたり、何かを意味したりする記号という本質を持つ。すると、文字を見ただけで、それが指し示す対象をイメージしたり音韻に変換したりしなければならないので、そのような認知能力は大きく磨かれたはずである。さらにまた、自分の記憶能力を推定して、何かを文字によって記録すべきか否かという判断力も必要になった。これはメタ記憶と呼ばれ、自分がどの程度記憶できるのか、どのような情報の記憶が容易なのかという判断を含む、自分自身の記憶自体の認識である。一般に、私たちは、講義を聴きながらノートを取るかどうかの判断を行うが、聴いた内容を記憶できると思ったら取らない。メタ記憶による判断である。このように、文字の出現は、人間の知性を損なったというよりは、より豊かなものに大きく変えていったといえるだろう。同じようにコンピュータも、人間の認知能力の中のあるものが損なわれた側面もあるかもしれないが、それ以上に私たちの知識の蓄積に貢献していることは確かであろう。

現代は知能が損なわれつつあるのか否かという議論にインパクトがあったのは、ジェーン・ハーリーによる『滅びゆく思考力』の主張かもしれない[25]。ただし、その中でも、フリン効果という用語がまだ登場する前であったが、知能テストの得点の上昇が指摘されている。問題視されているのは、それに伴って学力が上昇していないことであった。しかしその指摘は、教師のインタビューのような逸話的なものであり、データとして信頼性に欠ける。どうやらハーリーの主張の背景には、米国で1960年代に始まった、ヘッドスタート計画への不満があるようである。ヘッドスタート計画とは、米国の貧困層の学力レベルを上昇させるためのプログラムで、たとえば、幼児向け教育番組の「セサミストリート」が開始されたのもその一つである。このプログラムが期待通りの効果を発揮せず、また学力を阻害する要因として、ハーリーは、テレビやテレビゲーム、コンピュータなどをあげている。

日本においても、テレビが普及し始めた当初、大宅壮一が「一億総白痴化」と表現し、流行語になった。つまり、テレビというメディアは非常に低俗なものであり、テレビばかり見ていると人間の想像力や思考力が低下してしまうとする主張である。テレビ番組は必ずしも低俗とは限らず、低俗かどうかについてはテレビか書籍かという区分は関係がないので、もっともらしい根拠があるとすれば以下の点であろう。すなわち、書物を読む行為は、能動的に記号としての文字からその内容を理解することであり、そのためには自分の頭の中でさまざまな想像や思考を駆使しなければならないのに対し、テレビは、受動的に映し出される映像を眺めて、流れてくる音声を聞くだけという指摘である。

しかし、この批判も、受動的習慣が知的な能力を伸ばさないという点では説得力があるが、テレビ視聴が必ずしも受動的というわけではなく、テレビが人々を白痴化させるという主張はメディアによって面白おかしく喧伝されたものである。テレビの映像は、これまで想像にすぎなかった異国の風景や電子顕微鏡で見る細胞の中身など、人々が知らなかったことを視覚的情報として届けてくれる。そうするとこれらの映像は、では異国の人々の本当の暮らしぶりはどうなのかとか、細胞の中のミトコンドリアのさらにその中はどうなっているのだろうかなどの、より高次の想像力を生み出す可能性が高い。決して人々の想像力を阻害するものではない。詩人が美術館めぐりをしても白痴化するわけではないのと同じである。

もしテレビからの否定的な影響があるとすれば、それはおそらく受動性であろう。これはインターネットの使用などでもいわれていることである。つまり、インターネットコンテンツを、目的をもって検索する場合は思考力が働いているが、受動的にネットサーフするだけの場合はそうはなりにくいということである。このように、見たいドラマであるとか、ドキュメンタリーであるとか、何か目的があって見るのではなく、ただチャンネルを変えるような受動的な視聴を行っていると、思考力が徐々に働かなくなる。しかし、このような受動性はテレビに限ったことではない。受動的かどうかというのは、個々人の生き方の問題であって、テレビ等によって生じてきた現代の問題というわけではない。

8-3　グローバル化あるいは状況の低文脈化に、人間の精神は適応できるのか

このように論じても、最近の世界的潮流は、5章で記したようなピンカーが指摘した第二次世界大戦後の弱者とされた側に対する差別の改善とは逆方向に進んでいると思う人が多いかもしれない。米国におけるトランプ現象、ヨーロッパにおける極右政党の台頭、日本におけるヘイトスピーチなど、否定的な材料は揃っている。

3章で記したが、進化的に新しいシステムが、進化的に古いシステムからの出力を修正できるのかという問題を思い出して欲しい。差別的感情が古いシステムからの出力である限り、新しいシステムによって完全に消し去ることはおそらく不可能に近いか、あるいは極めて長い時間が必要であろう。進化的に新しいシステムは、差別は倫理的に良くないという圧力を古いシステムに対して徐々にかけるようになってきてはいるが、古いシステムの本質は無意識で制御が困難であるだけに、抑えきるのが難しいのである。

さらに、グローバル化によって、弱者として守るべき存在のマイノリティたちが徐々に増加し、自

分たちの職を脅かし、またアファーマティヴ・アクション等によってマイノリティを優遇するような措置がとられたりすると、古いシステムからの差別感情が息を吹きかえすことになる。トランプ大統領の場合は、とくに差別主義というわけではないが、反移民的な思想がマイノリティたちに国を奪われるのではないかと不安になっていたヨーロッパ系米国人を安心させ、イスラム教徒に対する厳しい態度は、テロ等でイスラム教徒に憎しみを持った人々の共感を呼んだ。ヨーロッパにおける極右政党の台頭も、同じような背景で起きている。ヨーロッパにおいても、移民の増加については、これまでリベラルで移民には寛容とされてきた中産階級の人々の間でも困惑や心配の種になっている。高度な技術を持った人々に対しては職を奪われるという危機感を覚え、言葉も話せず一文無しで入ってきて物乞いをしている人々に対しては憐れみというよりは、もう少し自助努力をしろと怒りを感じているようである。グローバル化の中で、豊かな国あるいは豊かな人々が、弱者とされている人々をどの程度助けなければいけないのかという基準で葛藤が生じているというのが実情だろう。したがって、このような動向で世界は一気に右傾化するのではないかという危惧もあるが、私自身は、差別等の急速すぎた抑制への、進化的に古いシステムからの一過性の反作用ではないかと考えている。

グローバル化への抵抗の大きな要因は、グローバル化による状況の低文脈化に対する反発だろう。これは、差別というよりは、比較的安定した高文脈状況から、今までの社会習慣からは理解できない人々がやって来る低文脈状況への抵抗と考えることができる。低文脈文化の西洋といえども、移民が数多くやってくれば、さらなる低文化状況がもたらされるわけである。グローバル化は、文化を異にする多くの人々との遭遇である。頭では、あるいは本書の用語によれば進化的に新しいシステムでは、彼らを差別するのは良くないと判断できる。しかし、実際に彼らに接してみて、いかに彼らの行動や価値観が自分たちと異なるかを実感し、場合によっては街が汚されたり、低所得者の職が奪われたりすると、進化的に古いシステムからの出力が頭をもたげるわけである。グローバル化が徐々であるならば、それにだんだんと慣れていくという過程もたどるだろうが、おそらくその進行が人々の予想を超えて速いのだろう。

一言でいえば、現代が適応が困難、あるいは適応しにくいと人々に感じられるとするならば、このような産業化・グローバル化による、低文脈的な状況が急速に作られていることにその原因があると推定できる。そして、この状況にもともと慣れていない、高文脈文化とされる日本をはじめとする東洋の人々にとって、このストレスはより大きいかもしれない。多くの地域においてかつての村落共同体は崩壊し、地域の同年代の子どもたちの間でさえも、互いにどんな子どもなのかわからないような環境になり、小学校、中学校に入学すると知らない人たちと出会い、大学や企業には、知っている人が皆無の状態で入学・入社しなければならない。援助を求める依頼一つにしても、気軽に頼める相手が身近に必ずしもいるわけではなく、「図々しい人間と思われないだろうか」とか「断られたら、後々お互いにやりにくいのではないだろうか」などと、過剰に気を配りながら判断しなければならない。このことは、互いに文化背景が異なる人々が集まった企業などにおいてとくに当てはまる。そこで、高度経済成長のころは、飲食を共にするなどして、何とか企業内に高文脈文化を形成していこうという努力がなされてきた。社内運動会などをして、かつて村落共同体がそうであったように、家族ぐるみで付き合いができる土壌を創り出そうとされてきたのである。しかし、今世紀に入ってからは、そのような努力さえも敬遠されるようになってきた。

未知の人々との出会いは楽しいものでもあるはずなのだが、やはりそこには不安を感じてしまう。この不安が恐怖に変わると、ひきこもってしまわざるをえなくなるのだろう。私たちの進化的に古いシステムは、異なる文化集団に対して恐怖を感ずるようにデザインされている。しかし、幼少期からそのような集団に接していれば、恐怖はずいぶんと小さくなる。グローバル化はそのような経験を可能にしてくれるので、悲観する必要はない。5章で述べたように、すでに私たち人類は、まだまだ根強く残っているとはいえ、この50年で差別についてずいぶんと改善を達成してきた。このような変化は、人々が異なっていて当たり前という自然な感覚が染みついてきはじめたことと並行している。いいかえれば、マインドリーディングの対象を拡大する方向に、進化的に古いシステムを利用して同士討ち的に慣習化し、異文化からの他者への恐怖のような古いシステムからの別の出力を修正しているわけである。このように、異文化の人々に対する差別などの問題の解決は、グローバル化による異文化コミュニケーションが当たり前という環境において、進化的に新しいシステムが古いシステムの出力である差別や恐怖を飼いならして、低文脈文化を創り上げていくことの中に見つけることができるだろう。

私たちが「生きやすい」と感じられる低文脈文化を創り出すことが可能なのだろうか。安易な回答はできないが、文化的背景が異なる他者が生まれたときから周囲に存在し、それが当然であるという新しい文化的伝統が生まれれば、徐々に解決できるのではないかと思える。高文脈文化では、周囲の人々が自分を知っていてくれて当然、自分の欲求などを察してくれて当然という価値観が芽生えやすいが、低文脈文化では、他者は自分を知らないという想定が共有されている。したがって、生まれた時から多文化という状況だと、その想定が当然という文化的価値観が共有されやすくなる。そうした中で、日本人としても、阿吽の呼吸や以心伝心を美徳とするような道徳的価値観を捨てる必要があるかもしれない。日本に住むようになった外国人だけではなく、たとえば地方から大都市、あるいは大都市から地方に移住した文化的異邦人に、これらを押し付けるべきではない。「郷に入りては郷に従え」は、ある程度は移住者が努力しなければいけないことかもしれないが、低文脈文化を創り上げていくうえで障害となる文化規範である。実は私自身は、「背中」で教えることができる教育者に憧れていてそれをめざしていた。つまり、口であれこれ言わなくても、私がやっていることを学生に見せるだけで教育になるということが理想だった。しかし、低文脈文化では、このような理想は捨て、「研究とは何か」や「研究は何のために行うのか」を明確に説明できる教員が望ましいだろう。この理由は、「最近の学生は勉強をしないから」ではない。学生にそれを説明することによって、自分の中で、その意義が明確化されるからである。大学の教員や学生を含めた多くの人たちには、直感的になんとなく研究を行う理由は理解されているのかもしれないが、現実には、これらを明示的に説明できる人は多くはない。直感的に理解できているならば、進化的に古いシステムで把握されているので、非常に結構なことなのかもしれないが、進化的に古いシステムでは、このような規範を共有しない人たちに伝えることができないのである。

9章　未来への期待と危惧

9-1　分業とグローバル化は止めるべきではない

ここまで、現代の低文脈状況における適応の難しさをいろいろとあげてきたが、グローバル化については、ストップをかけるべきではない。しかし、日本においても世界においても、貧しい側からも豊かな側からも、グローバル化に対してはいろいろと批判や反対がある。8章では低文脈化への適応の問題を述べたが、9章では経済の問題に触れておこう。ただし、私は経済学者でも経済ジャーナリストでもないので、この問題を専門的に議論することはできない。さまざまな論評を最大公約数的にまとめれば、本質的な問題は、おそらく、(1) 自国の中の弱い産業が淘汰されるという危惧、(2) 環境破壊が地球規模で加速されるという危惧、および (3) そのような問題に対処できるグローバルなルールが不十分ということになろう。

(1) について、グローバル化は、どうしても経済的に有利な側、すなわち、資金や人的資源を持っている側が主導的になり、パワーゲーム化しやすいという一面を持っている。地球規模のグローバル化の始まりとして大航海時代を位置づけることができるが、その後のアジア・アフリカ諸国の植民地化に至る道筋は、まさにパワーゲームと呼ぶにふさわしいグローバル化だった。現在は、グローバル化のしわ寄せを最も多く受けているのが、産業国においても途上国においても農業である。輸出品が一次産業の産品に限られた途上国では、グローバル化に加わると、豊かな国によってそれらが安価に買い叩かれ、なかなか豊かになることができない。さらに富裕な産業国が自国の農業を守るために途上国からの農産物に高い関税をかけるという保護主義政策が、貧しい途上国の農民を直撃してしまうのである。一方で、産業国においては、農業従事者は、農産物の自由化に伴って国内農産物価格が下落してしまうという危機感を常に持っている[6]。その対立が鮮明になったのは、２００３年のメキシコのリゾート地のカンクンでのＷＴＯ（世界貿易機関）閣僚会議である。この会議の大きな焦点の一つが農業問題であった。途上国では、先進国からの補助金漬けの安い農産物に対抗できず、農民の生活は大きな打撃を受けている。これらの問題を解決するために、ＷＴＯは、各国の農業を守る法制度を次々に撤廃させて効率がよい工業型の農業を推し進めてきた。この政策によって、産業国においては小規模農家が打撃を受けることになる。この政策に対し、韓国において小規模農家をまとめあげて農業改革に取り組んできた李京海は、ＷＴＯ閣僚会議に抗議して自殺を遂げている。

（2）に関して、グローバル化が進むと、産業国で起きている環境破壊が世界規模で生じてしまうとする懸念は多くの人々に共有されている。とくに、今世紀に入ってからの地球温暖化の進行を止めることができるのは、森林を守ることだと言われているが、産業国では多くの森林がすでに破壊されている。この破壊が、アマゾン、東南アジア、サハラ以南の、地球の肺ともいわれる熱帯雨林に及んでいるというわけである。この環境破壊への懸念は、資本主義への嫌悪とも結びついている。つまり、このような環境破壊をもたらすグローバル化への源泉を突き詰めれば、それは資本主義であって、かつては先進産業国にしか生息していなかったのだが、この利益追求のバケモノが世界中を席巻しているというわけである。

(3)は、問題というよりは、解決の糸口と考えるべきであろう。つまり、(1)(2)の問題に対処できるルールや制度を作っていけばよいということになる。グローバル化がパワーゲームと同義であるならば、各国とも対外的に脆弱な産業は大打撃を受けて経済の混乱が生じ、国内において貧富の差が激しくなるのではないかという危惧がある。それで産業国は弱い産業、とくに農業について保護貿易に走るわけだが、そうすると途上国の農民にそのしわ寄せがくる。このバランスをうまく取ることができるような国際的なルールが必要だろう。保護化は、北半球の豊かな国と農産物が主要輸出商品である熱帯以南の貧しい国という南北格差を拡げる可能性がある。つまり、グローバル化によって得られた利益を等しく分配できなくなり、南北格差はますます大きくなってしまうというわけである。もちろん、グローバル化によってインドのように貧しかった国が豊かになりつつある例もあるので、途上国に新しい産業を芽生えさせるルールも必要になってくるだろう。また、国際的なルールは、環境問題や資源の共同管理などの問題についても重要である。このようなルールは、むしろグローバル化することによってより良いルールが生まれる可能性が高い。

グローバル化は、豊かな産業国と貧しい途上国の貧富の差を拡大していく可能性が高いのだろうか。世界には豊かな国もあれば貧しい国もあるが、貧富に影響を与えるのは、それぞれの国における「制度」であると、ダロン・アセモグルとジェイムズ・ロビンソンは『国家はなぜ衰退するのか』の中で主張している。(1) 4章において、現代的な豊かさの四つの条件、「私有財産権を守る」、「科学的合理主義」、「資本市場」、「通信・輸送手段」を紹介したが、これらは、分業が円滑にかつ効率的に機能する条件でもある。アセモグルたちが述べる制度とは、それぞれの国家において、これらの四条件が満たされるか否かに影響を与えるものである。

彼らは、制度の重要性を主張する前に、貧富の差に影響する可能性があるいくつかの候補を棄却している。その最たるものは、「文化」である。たとえば、勤勉を奨励する文化の国は豊かになると私たちは考えがちだが、ほとんど同じような文化であっても、どのような制度をとるかによって貧富の差が生ずる。その最たる例が、韓国と北朝鮮であろう。両国は、文化的伝統はほとんど同じで、昔から文盲率も低く儒教の影響で比較的勤勉を尊ぶ。だが、片や豊かな産業国で、もう一方はアジアの最貧国である。国を豊かにしない制度面での最大の特徴は、国民に対して収奪的であり、かつ包括的な経済制度を適用しないということである。内乱や独裁者等によって、国民の財産が守られなかったり、高等教育が行われなかったり、商業活動が制限されたり、通信・輸送のインフラストラクチャが整備されなければ、国は決して豊かになれない。ただし、独裁政権がすべてマイナス要因というわけではなく、歴史的に、安定した独裁的な制度は産業化に遅れた国を豊かにすることもある。その理由は、とくに教育の普及が遅れている状況で、民主主義的に発展させようとすると混乱する場合が多く、むしろ強力なリーダーシップで産業化を進めたほうが効率的だからである。代表的な例が明治維新後の日本の富国強兵であり、また韓国の朴正熙政権による1970年代の工業化であろう。両国とも幸いその後は民主的な政治体制になり、繁栄を続けている。しかし、北朝鮮やアフリカの最貧国の一つであるシエラレオネでは、独裁者は常に政敵に怯える状態が続いており、独裁者の仮想敵が利益を得る可能性がある政策は、たとえ国民全体が豊かになると期待されていても用いられることはない。たとえばシエラレオネでは、英国植民地時代に敷設された鉄道路線が敵対勢力を益するとの理由で独裁者によって廃止されるなど、繁栄とは真反対の方向に向かうことがしばしばあった。このように、政治体制が科学・産業の発展を阻害する例は、日本の江戸幕府にもある。1635年（寛永12年）に制定された武家諸法度第十七条には、「五百石以上之船停止之事」とあるが、これによって、外国との貿易のための朱印船以外に、五百石以上の大船の建造が禁止された。この禁令の目的は江戸幕府の仮想敵である西国大名の水軍力の抑制なのだが、これによって日本における造船技術の発展が大きく阻害され、江戸時代の停滞を招いている。

つまり、貧しさをもたらしてしまう制度は、それぞれの国内問題であって、グローバル化の本質的な問題ではない。基本的にグローバル化は社会的交換に対する制約を小さくし、交換を拡大して専門化を促進することになるので、地球規模の経済的な発展という点で、前向きに進めていくべきであろう。グローバル化に反対する人々は、新興国や途上国から低価格の商品が入ることで雇用が脅かされると懸念する産業国の労働組合関係者、グローバル化が地球環境を破壊すると主張する人々、グローバル化によって途上国の労働者が搾取されていると主張する人々、グローバル化それ自体への排外主義的反発を持つ人々、市場経済にそもそも反対な、ある種の排外主義と言わざるを得ない共産主義者などさまざまなバックグラウンドがある。それぞれが何らかのエゴイズムに依拠しており、彼らによって提起される問題は、国際協力的に、つまりは「グローバル」に取り組むことによって解決可能だろう。

さらにグローバル化は、各国の経済的相互依存を促進し、ますます戦争リスクを小さくしてくれる。すでに5章で述べたように、経済的相互依存が強まると、たとえ戦争に勝ったとしても依存していた分の利益が損なわれることになり、戦争することが全く無意味になってしまう。また、当然ながらグローバル化による分業・専門化は、世界全体の科学の発展にも大きく貢献する。19世紀は科学の世紀と呼ばれたが、その恩恵を受けて20世紀の後半はそれぞれの国が豊かになり、21世紀には、途上国の中にも豊かな国が増えつつある。この豊かさを支えているのがコンピュータやインターネットなどの情報産業である。このような発展を促しているのは、どこかで起きた科学的発見やイノヴェーションがすぐに世界に広まったり、伝播したりして、相互に影響を与えあっているからである。そして、テクノロジーや医学など自然科学の発展はいうまでもなく、政治システム、法システム、経済システムなどの社会科学の発展、さらには地球規模で生じている温暖化などのリスクの解決も期待されるわけである。

9-2 マインドリーディング、あるいは犠牲者同定可能効果の利用 ――義務論と功利論

世の中を豊かで快適なものにしていくためには、進化的に新しいシステムを使用して、どのような状態が理想的なのか、いいかえれば、どのようなルールや制度が規範的なのかを模索することが重要

である。グローバル化のルールは専門家に任せるとして、どのような低文脈文化を創り上げていくかという問題は本書のテーマの一つである。

私たちは、政治や経済のシステム、文化のあり方について、不満はあっても、それがどのように変革されているのかについては気がつきにくい。歴史的には、たとえば日本の明治維新、アメリカの1964年の公民権法、日本の1985年の男女雇用機会均等法などとエポックメーキングな大きなイベントを拾うことができる。しかしそのような変化を引き起こしたり、法律を作ったりするためには、言い方は悪いかもしれないが、マインドリーディングなどの進化的に古いシステムのマシンを使って、人々の心をうまく操作していくことが必要だろう。5章で、「一人の人間の死は悲劇だが、百万人の死は統計である」という有名な言葉を引用して、犠牲者同定可能効果などに示されるように、マインドリーディングによる人々の操作が強力であることを記した。進化的に古いシステムからの出力には大きな感情が伴いやすいので、人々を行動に走らせるエネルギーが大きいのである。3章での用語を拝借すれば「同士討ち」ということになる。

このような表現を用いると、マキャベリ的と思うかもしれない（実際、マインドリーディングは、「マキャベリ的知能」とも呼ばれている）。しかし、人々を動かすためには、統計で訴えるよりも、一人の人間の悲劇を伝えるほうが効果的である。たとえば、テレビドキュメンタリーなどによる、どうしても家から出られないひきこもりの中年男性の例が報道された場合を考えてみよう。ひきこもりは、かなり理解されるようになったとはいえ、不登校の延長としての青少年の問題と考えていたり、自分のことしか考えない甘ったれた人間がひきこもると思っていたりする人がまだまだ少なくはない。ドキュメンタリーは、このような人々の認識を大きく変える可能性がある。このような悲惨な状況に対して、「何とかならないだろうか」という気持ちを視聴者に引き起こす。おそらく、ひきこもり問題を講義等で概説されるよりは、人々を動かす力はずっと大きいだろう。この理由は、犠牲者同定可能効果として、具体例として領域固有性を持っているマインドリーディングマシンを喚起し、ひきこもっている人の苦悶への共感を呼び起こしやすいからである。いいかえれば、ドキュメンタリーは、マインドリーディングを利用した視聴者の操作ということになる。もちろん、このようなドキュメンタリーは特定の事例のみを扱っているので、その選択が適切なのかどうか、その事例が典型例なのかなどの問題を含み、実情が歪められて伝えられる可能性は否定できない。それにもかかわらず、「統計」に相当する講義や講演よりも、「一人の人間の悲劇」として、人々の感情に訴えやすく、人々を行動に駆り立てるエネルギーは大きい。

一人の悲劇は義務論的な道徳に、統計は功利論的な道徳にそれぞれ対応する。ここでは、乱暴かもしれないが、表9－1のように、義務論と功利論を進化的に古いシステムと新しいシステムに対応させてみた。カントを崇拝する義務論者には進化的に古いシステムに結びつけられて不快かもしれないが、この対応は緩やかなものと考えて許して欲しい。義務論は、古いシステムのマインドリーディングマシンや、社会的契約・交換マシン、危機管理マシンなどと結びついていると考えられる。「一人の死」にマインドリーディングマシンが喚起されるということはすでに述べたが、道徳的判断には、社会的契約・交換マシンや危機管理マシンが喚起される場合もある。マインドリーディングマシンからは、「そんなことをしたらかわいそう！」、社会的契約・交換マシンからは「ズルはだめ！」、危機

表9-1　義務論と功利論の対比

義務論	功利論
歩道橋問題で喚起	トロリー問題で喚起
進化的に古いシステム	進化的に新しいシステム
モジュールによる直観で判断（心の理論、社会的交換・契約、危機管理）	認知容量を使用して効用計算で判断
強い感情を伴う	感情は複雑で弱い
行動・実行への推進力は強い	行動・実行への推進力は弱い
小説家・ジャーナリストが担当	科学者・研究者が担当

管理マシンからは「危ないことはだめ！」という問答無用の義務論的判断が下されやすい。これらは、功利論的な思考によって導かれた結論よりは、人々を動かすという点ではるかに強力である。いくら功利論者が百万人の死は恐ろしい厄災だからと説いても、一人の死と比べると統計として処理されてしまう。いくら政府広報によって骨髄バンクへのドナー登録が白血病や悪性リンパ腫等の患者の命を救うことが伝えられても、『世界の中心で、愛をさけぶ』にはとてもかなわないのである。

この分類も乱暴かもしれないが、科学者や研究者は功利論的な目標を持って研究を進めるという役割が与えられており、一方、義務論的な感情を人々の中で喚起する役割を与えられているのは、小説家やジャーナリストではないだろうか。そして、政治家は、その両方の意見を吸い上げながら、人々を動かしていくというのが、大まかな役割であろう。

このさいに、政治家やジャーナリストを含めて、私たちは、マインドリーディングマシンなどの進化的に古いシステムが喚起されることによって起きる義務論的な判断の影響の大きさを自覚する必要がある。たとえば、現在ほぼ消滅したとされるイスラム国だが、一時はシリアやイラクなどでかなりの占領地を持っていた。この占領地の勢力拠点を空爆すべきかどうかという判断は、どのように報道するかによって、つまりどのような事例を用いて報道するかによって、よほどどちらかの立場に固執している人ではない限り、意見が大きく左右されるだろう。たとえば、イスラム国における捕虜への残虐行為を見た人は、捕虜への共感的同情とイスラム国指導者への怒りが高まり、この体制を何とか打ち破ることができないかと考える。そのために、他に方法がないならば占領地域への空爆もやむなしと判断するかもしれない。一方で、シリアやイラクなどにおける米軍の空爆の被害を受けた一般市民の事例が報道されれば、マインドリーディングによる共感はこのような被害者に向けられる。イスラム国の占領地といえども一般市民が巻き添えになる可能性が考慮されて、米軍による空爆は何とか阻止できないかと考えるかもしれない。このように、どちらの事例が報道されるかによって、人々の意見が大きく左右されるのであるから、報道側は、もしどちらかの意見に人々を誘導しようという意図がないならば、慎重に事例を選択しなければならない。捕虜の処刑や拷問死についての記録が報道されれば、彼らの無念や恐怖に共感することができ、また、公正さについてのイスラム国の体制に対する強い怒りも沸き起こる。一方で、空爆の被害を受け、脚をなくして泣いている子どもを見たり、子どもの亡骸にすがって泣いている母親を見たりしたときも、彼らの恐怖に共感し、爆撃の不条理さへの怒りが起こるだろう。これらの感情を引き起こすのは、マインドリーディングマシン、社会的契約・交換マシン、危機管理マシンなのである。このような感情は、社会を変化させていくときのエネルギーとなり、うまく導かれれば、結果的に良き方向へと変化していく可能性は高い。

しかし、そのためには、やはり進化的に新しいシステムの認知容量を使用して、功利論的な制御が必要であろう。古いシステムの直接的な喚起は、報道側にその意図がなかったとしても、悪用されたりして、結果的に社会にとってマイナスの影響があることもありうるからである。たとえば、原子力発電所の事故によって被害者が出た場合を考えてみよう。このような事故があると、平和利用といえども原子力の使用に対する否定的な判断に直結する。事故から被害への因果関係がわかりやすく、犠牲者のマインドリーディングが容易に行われるからである。一方で、原子力発電をストップすることによる被害は見えにくい。経済的には確実にマイナスということはわかっているが、一般の人々の判断は、冷房や暖房をちょっと我慢すればいいのではないか程度の認識が多い。しかし、経済的マイナスの影響は、冷静に考えなければならない。その影響として考えられるのが、貧困な人々の増加であり、また彼らの健康問題であろう。経済格差は健康格差ともいわれるが、彼らが病気になっても病院に行くことができずに命を落とす可能性を考慮しなければならない。さらに、経済的にマイナスということは、研究費なども削減の対象になりやすい。そうすると、たとえば特定の病気の治療法が今後5年の間に確立するはずだったのが、研究費の削減によって20年後あるいは30年後になってしまう可能性も生ずる。つまり、原子力発電を続けていれば助かったはずの命が救えなくなるという事態が考えられるわけである。人間の命が失われる可能性は、原発を稼働させる場合だけではなく、ストップさせる場合にもあるということなのだが、科学が進歩しないことによって助からなくなる命は想像しにくく、「悲劇」というよりも「統計」になりやすいのである。なお、この例を示すと、私は原発推進派と決めつけられやすい。しかし私は原子力発電の安全性についての専門家ではないので、推進・

反対については安易な判断はできないとしか言えない。ここで主張したいことは、「統計」であることのような点も、推進・反対についての議論に取り入れて欲しいということである。

さらに、この進化的に新しいシステムの効用は、共感などによる「ケア」を自分の仲間以外の集団成員にも適用を可能にすることが期待できる点にある。進化的に、マインドリーディングマシンによる共感の対象は、自分と親しい人々であった。それが、小説に登場する架空の人物にまで対象が拡張し、仲間以外の人々に適用可能となった。それは、大きな認知容量のおかげなのである。

本書では、豊かさを生み出す分業化、そしてそれを推し進めるグローバル化はブレーキをかけるべきではないと主張しているが、その負の側面がコミュニティの崩壊である。この問題も、義務論的感情喚起のエネルギーを利用しつつ新しいシステムが制御することによって解決に向かうのが最も効果的だろう。8章において、状況の低文脈化に対して、健全な低文脈文化を形成していくことが重要であると述べたが、このような潮流を創り上げていくためにも、進化的に古いシステムからの義務論的感情を利用することが良い戦略ではないかと思われる。2010年に、「NHKスペシャル」で、また2012年にNHKの「クローズアップ現代」というドキュメンタリーで、無縁社会がテーマとして取り上げられた。それによって、孤独なまま社会から取り残された人々が浮き彫りにされた。従来、コミュニティの崩壊による孤独の問題は、「昔は良かった」や「昔のような温かいコミュニティを再生しよう」という掛け声にエールを送っているような取り上げ方が多かった。しかし両番組では、昔のコミュニティにおける人間関係が温かかったということに疑義を抱いている人が制作に多かったのではないかと思われるくらい、かつての伝統的なコミュニティを復活あるいは再生しようという方向への暗示的誘導は小さかったという印象を受けた。これらの報道は、淡々と孤独ということの残酷さが語られており、人々に、「他人ごとではない」「何とかしなくてはならない」という実感をもたらしたと思えた。健全な低文脈文化を創り上げていくうえで、何をどうすればよいかという具体的な名案はなかなか浮かばないが、このような地道な報道が続けられていけば、30年40年後に現代を振り返ると、進歩が見られるのではないかと予想できる。

ただし、義務論も、功利論も、めざすべき理想の価値は何なのかという問題には明確には答えていない。最大多数の最大幸福をめざすのが功利論といわれているので、功利論は主観的幸福感を目標としているように見える。しかし、二重過程理論と結びつけた解釈によれば、主観的幸福感はどちらかといえば義務論に結びつき、功利論は相対的に客観的豊かさを追求しているように思える。本書においては、グローバル化に賛成し、進化的に新しいシステムの制御に価値をおき、功利論的な判断を重視する立場がとられているが、そうすると主観的幸福感が軽視されるという懸念も生ずる。

主観的幸福感は扱うのが難しい。幸福感にも、絶頂感を伴うものもあれば、空を眺めてほっと一息ついて感じるような穏やかなものもある。心理学においても議論されているテーマの一つである。ここではその議論に立ち入らず、主観的幸福感の重要な指標の一つである自殺率を取り上げてみたい。産業革命以降、産業国は非常に裕福になった。また、世界のかなりの多くの国が民主的な国になった。暴力も戦争も激減した。それにもかかわらず、各国における自殺率は、民主化の程度や豊かさとはあまり関係がない。2015年の統計データによれば、10万人中自殺者が5人前後の国の中には、パキスタン、ミャンマー、アルバニア、ソマリア、アフガニスタンなど、民主的とは程遠くかつ貧しい国が位置する一方で、スイス、スウェーデン、フランス、日本、ベルギーなど民主的でかつ豊かな国においては15人を超えている。また、産業国の中で韓国は自殺率が高いが、2015年には10万人中28人であるのに対して、1985年のソウルオリンピック前のまだまだ貧困から抜け出していなかった時代には10人なのである。この変化はどのように解釈すればよいのだろうか。日本についても、1900年が13人、戦後の混乱期である1947年が16人、そして2003年の40人をピークにして、2015年は19人である。自殺率は、必ずしも主観的幸福感を反映するわけではないが、韓国と日本の産業化とともに自殺率が上昇した理由は、おそらくロバート・パットナムが指摘するような伝統的コミュニティの崩壊があったためだろう。それに加えて日本と韓国の場合は、高文脈文化のため、産業化に伴うグローバル化による状況の低文脈化に人々が適応しにくかった可能性がある。それが、単に自殺率を上昇させただけではなく、ひきこもりの増加や無縁社会を招いてしまったのかもしれない。また、実際に、日本人の生活満足度の調査からも、日本人の1990年代の満足度は、1940年代とほとんど変化がないと考えられている[49]。

9-3　脱イデオロギーへ向けて

分業による産業化、さらにはグローバル化によって、私たちは非常に豊かになった。経済的に豊かになって精神は貧しくなっているのかというと、そういうわけでもなく、差別や残虐行為、戦争・殺人・暴力など、概ね縮小されてきた。「現代は適応が困難」という言説は、おそらく、グローバル化による分業化等によって、コミュニティが崩壊し、状況が低文脈化しているという潮流からの印象であろう。したがって、私たちがすべきことは、この低文脈状況において、健全な低文脈文化を創り上げていくことであり、そのためには、うまくバランスをとりながらグローバル化を推し進めていくことが望ましいというのが本書の結論である。

この方向性の中で、最も厄介な障害物の一つがイデオロギーである。前節で、人々を操作する効果的な方法は、進化的に古いシステムの感情喚起力に訴えることであることを示したが、これが、政治的イデオロギーに支配されるようになると合理性を欠くようになる。イデオロギーとは、元来は何らかの世界観を表す言葉だが、政治的イデオロギーは、その世界観が硬直し、自らの意見や利益に合致する結論のみありきという状態を作る。そうすると、その結論までの思考に合理性を欠くことになる。本書の二重過程理論の用語を用いれば、進化的に古いシステムからの自分の都合の良い結論がまずあり、進化的に新しいシステムはそれを合理化しているにすぎないことになる。そのような政治的イデオロギーから、たとえば北朝鮮の問題についての報道が行われると厄介である。北朝鮮嫌いの排外主義者なナショナリストなら、北朝鮮から脱北してきた人の情報を自分の主張にうまく合うように扱うだろうし、ドナルド・トランプ大統領や安倍晋三首相がすることはすべて嫌いという人は、シリアやイラクにおける米軍の空爆の被害の惨さを、米国の帝国主義とそれに追従する日本への批判材料として使用するかもしれない。このような状況では、私たちは、進化的に古いシステムの出力は強いものであるという警告を発しながら、報道などを受け取る態度が必要であろう。

また本書は、あまりにも現代あるいは未来について楽観的ではないかという印象を与えたかもしれない。とくに8章で、現代人は、モラル・道徳という点でも、知性という点でも劣化しているわけではないということで悲観論に反駁しているが、悲観論の中には、政治的イデオロギーに影響されたと思われるものが散見されるのである。だが、このような議論は、政治的イデオロギーに基づくものであってはならない。

気になるイデオロギー的悲観論の一つに、「反知性主義」という用語の意図的な誤用がある。この用語はいろいろな意味で用いられていて、1950年前後の米国における知識層批判の一環として、反エリート主義として使用されたり、建国時代からの米国の精神的理念であるとして使用されたりしてきた(28)。それが日本においては、自分が嫌いな政治姿勢の人々を攻撃する意味で使用される状況が生まれているように思える。いわゆるネトウヨ（インターネット右翼の略語）と呼ばれる、インターネット上で国粋主義的、排外主義的な書き込みをする人々だけではなく、どちらかといえば保守寄りの政治家あるいはそれを支持する多くの人々の知性が欠けているかのような主張として用いられている。そして、そのような反知性の人々が増加していると決めつけ、その理由は、日本が、あるいは政治が悪いからだという結論に落ち着く。人々の知性を高めていくにはどのようにすればよいかという議論はいろいろあって当然であるが、政敵の非難のために、知性の劣化ありきという悲観論に陥るのは短絡的である。

最も懸念すべきイデオロギーは、極端な文化相対主義者と反グローバル化主義者が結びついて、グローバル化によってそれぞれの文化的伝統や文化固有のモラルが失われているという主張であろう。1章でも述べたが、文化相対主義はフランツ・ボアズによって提唱され、どの文化・文明が先進的かについての客観的な基準は存在しないという主張である。これは、文明的に進んだとされる西洋人とそれ以外の人々に差はないとして主張され、当時は人間が平等であるというメッセージとして非常に説得力を持っており、西洋人が民族として優秀だとする信念を是正することに役立った。また、ポストモダニズムにおける西洋文明のいきづまりの中で、文化相対主義は受け入れられている。しかし、文化相対主義が極端になってくると、他の文化に対する過度の不干渉という倫理的な問題が生じてくる。たとえば、貴重な家内労働力である女性には教育は不要であるという価値観が人々の間に共有されているような文化があったとしても、その文化自体の価値を評価する外的な基準はないということになり、他国がそれを批判するのは越権的ということになる。あるいは、人権の抑圧が顕著な独裁国家があったとしても、独裁という形式も一種の文化であり、極端な文化相対主義にしたがえば、独裁が悪いという基準も存在しないことになる。したがって、他の国は、独裁主義体制を批判することを内政干渉であるとして控えなければならない。

文化相対主義によれば、不当な性差別が行われる文化や独裁的な国家に対して批判をすることも内政干渉ということになる。それぞれの文化において合理的な価値があるので、それに対する批判は自らの文化を基準とする文化帝国主義的だというわけである。ところがグローバル化は、それぞれの国あるいは地方の伝統的な文化を変容させる力があり、それと同時に文化固有のモラルも変容する。それゆえに、文化相対主義者はグローバル化に反対というわけである。

文化相対主義は、もともとどちらかといえばリベラル志向的であった。ところが皮肉なことに、極端な文化相対主義は逆に国粋主義と結びつく。たとえば、旧来の日本的家族主義を美徳と考える人たちは、文化相対主義を当然として受け入れている。彼らは、伝統的な家父長制に憧憬を抱いており、そのためには結婚した女性は家事にいそしむべきである、そしてそれが日本人の美徳であり、文化相対主義の作法に則って、他国の人間にとやかくいわれる筋合いはないと考えるわけである。したがって、現代の日本の核家族や、女性が外で働くことや親の世話をしないことは、悪しき西洋の風習の影響を受けた結果であり、これによって現代の日本人のモラルが低下しているとの主張に結びつくことになる。さらにこの主張は、超高齢化社会を迎える中で、介護費用などを抑制するのに都合が良い。なぜなら、女性が自宅で専業主婦をすれば、ほぼ必然的に介護の仕事は女性の担当となり、その分、介護士等に必要な費用が不要になるからである。先進国の文化が最善であるとする文化帝国主義はもちろん大きく否定したいが、文化帝国主義を批判してリベラルを装う文化相対主義にも、国粋主義や排外主義の臭いがないか、用心しなければならない。

グローバル化の中で伝統的な文化が失われるという危惧は、ある程度は正しい。伝統的文化が失われる中での戸惑いの積み重ねはストレスを生む。そうした中で、グローバルとローカルを合成した「グローカル」あるいは「グローカル化」という概念が、文化的多様性を受容するのに重要だと指摘されるようになっている。グローバルシステムといえども、その発祥の多くはローカルなものであり、世界のすべてに適用可能というわけではない。したがってグローバル化は、ローカルな市場が世界的な資本主義に統合されていく過程と見ることができる。たとえば、世界的にチェーン展開をしているハンバーガーなどのファストフード店は、食のグローバル化の典型のようにみなされているかもしれない。ドイツにルーツを持つ米国発祥の食べ物が、世界を席巻したわけである。しかし一方で、食べ物は、それぞれの文化と切り離すことができない。そこで、現実には各国において、それぞれの文化にマッチしたハンバーガーが売られている。代表的なものが、日本におけるテリヤキ・バーガーや韓国におけるプルコギ・バーガーである。これらは、食のグローカル化の象徴である。

グローカル化の発想は、食べ物に限らない。日産自動車の経営がいきづまり、フランスの自動車メーカーであるルノーの傘下に入ったとき、ルノーからカルロス・ゴーンが社長として派遣されてきた。彼の西洋流のマネジメントは効果をあげ、そして、この方法はもう誰にも止めることができないと思われていた。しかし社員の間からは、日本のやり方が本当に古臭いのかとか、西洋流のマネジメントが特別すぐれているのかという疑問が湧き起こるようになった[38]。実際、西洋流のマネジメントスタイルを採用しようとした多くの企業において、これに抵抗する動きが起こり、日本の時代遅れの習慣とされた「根回し」の合理性が見直されたということも報告されている。根回しは、多くの人に知られているので、ここであえて説明する必要はないかもしれないが、その文化的合理性について述べておこう。根回しは、公式の会議などにおける最終意思決定の前に、支持を求めて事前に関係者に非公式に折衝することだが、これは、会議において衝突を避け、全体の合意を得るために日本などで用いられる戦略である。7章で集団主義文化について述べたが、一般に集団主義文化では、集団の中においてメンツが重視される傾向がある。すると、公式の会議でお互いに批判しあうような状況になると、どちらか、あるいは双方のメンツがつぶされる可能性があるため、少数意見の人は公的な会議で発言を控えるようになってしまう。しかし事前に非公式に折衝すれば、少数意見を吸い上げることができるだけではなく、ひょっとしたら多数意見であるにもかかわらず誰も公的には表明しないような意見、すなわちサイレントマジョリティの意見を知ることもできる。これらは、根回しの大きなメリットなのである。また、メンツについては、何も日本だけの特徴ではなく、西洋においても多かれ少なかれそのような傾向がある。したがって根回しは、時間がかかるという大きなデメリットがあるが、このような意味で効果的であるという再評価がなされている。この再評価は、西洋の文化を受け入れないという排外主義からのものではなく、グローカル化がもたらした産物なのである。(57)

9-4　終わりに

現代は適応が困難な時代なのだろうか。この冒頭の問いから、多くの読者は、ひょっとしたら、現代の適応の困難について、これでもかこれでもかと証拠が出されるものと予想したかもしれない。日本においては、競争社会、経済格差の拡大、コミュニティの崩壊、自殺率の高さ、高齢化社会、世界においては、戦争・紛争の危機、テロや原理主義者などの脅威、南北格差、世界的な経済の停滞など、生きづらそうな要因に事欠かない。

本書では、この問題を、進化的に古いシステムと新しいシステムを想定する二重過程理論を用いて考察し、実は長い目で見れば、ずいぶんといろいろな点で適応しやすくなっていますよというメッセージを送っている。確かに悲観主義は、私たちの生活あるいは政治・経済・産業のシステムの欠点を指摘して、それを良きものに変化させようという動機を喚起してくれる。しかし、その多くの場合に欠落しているのが、現システムの評価である。その評価がイデオロギーに左右されるものであると、システムの向上にはならず、逆に停滞や退歩に結びついてしまう可能性がある。

悲観論の中には、現代の科学や産業の発展において、自然が損なわれることへの危惧も大きい。自然を守るためには、過度の産業化を阻止することも必要になってくることはわかる。しかし、自然保護と科学の進歩とがジレンマに陥るとき、どうしても自然が破壊されることによって生ずる被害や失われる命にのみ目が注がれる。しかし、科学の発展を阻害するような過剰な自然保護に走るならば、やはりそれによって損なわれる命があることの可能性も考慮しなければならない。自然破壊で失われる命は想像しやすいストーリーを与えてくれるので、マインドリーディングを喚起しやすい。しかし、科学の進歩が停滞することによって失われる命は、本書の表現を用いれば、「統計」のままで取り残されてしまいやすいのである。人々を動かす力はどうしても前者のほうが強くなりやすいので、私たちは取り残される「統計」が生じないように用心しなければならない。

本書では、ますます進む産業化・分業化、あるいはグローバル化による文化の低文脈状況が、おそらく現代を適応が困難と感じる最も大きな原因であろうことを指摘した。とくに、高文脈文化とされている日本に住んでいる私たちにとって、低文脈文化状況は生きやすいとはいえないかもしれない。その解決は、私たちにとって快適な低文脈文化を創り上げていくことであろうが、しかし、私たちはどのようにしてそのような文化を創り上げていくのかという問題の解決のためのレシピは、まだ具体的ではない。本書では残念ながら、問題提起のままで終わってしまうが、これらの問題は、心理学をはじめとする人文社会科学の発展によって、今後徐々に解決されていくだろうということを期待して、論考を終える。

43. Ridley, M. (2010). *The rational optimist: How prosperity evolves*. New York: Harper Collins. 〔リドレー・M.／大田直子・鍛原多恵子・柴田裕之訳 (2010)『繁栄 ― 明日を切り拓くための人類10万年史』早川書房〕
44. ルソー・J. J.／本田喜代治・平岡昇訳 (1972)『人間不平等起原論』岩波書店
45. Rychlowska, M., Miyamoto, Y., Matsumoto, D., Hess, U., Gilboa-Schechtman, E., Kamble, S., Muluk, H., Masuda, T., & Niedenthal, P. M. (2015) Heterogeneity of long-history migration explains cultural differences in reports of emotional expressivity and the functions of smiles. *Proceedings of the National Academy of Sciences of the United States of America, 112*, E2429-E2436.
46. 千石保 (1991)『「まじめ」の崩壊 ― 平成日本の若者たち』サイマル出版会
47. Stanovich, K. E., & West, R. F. (1998). Individual differences in rational thought. *Journal of Experimental Psychology: General, 127*, 161-188.
48. 杉山幸丸 (2005)『進化しすぎた日本人』中央公論新社
49. Suzuki, K. (2009). Are they frigid to the economic development?: Reconsideration of the economic effect on subjective well-being in Japan. *Social Indicators Research, 92*, 81-89.
50. ソロー・H. D.／今泉吉晴訳 (2004)『ウォールデン ― 森の生活』小学館
51. 高木修・竹村和久編 (2015)『無縁社会のゆくえ ― 人々の絆はなぜなくなるの？』誠信書房
52. Thompson, J. J. (1985). The trolley problem. *The Yale Law Journal, 94*, 1395-1415.
53. Tomasello, M. (2008). *Origins of human communication*. Cambridge, MA: MIT Press. 〔トマセロ・M.／松井智子・岩田彩志訳 (2013)『コミュニケーションの起源を探る』勁草書房〕
54. Triandis, H. C. (1995). *Individual and collectivism*. Boulder, CO: Westview Press. 〔トリアンディス・H. C.／神山貴弥・藤原武弘編訳 (2002)『個人主義と集団主義 ― 2つのレンズを通して読み解く文化』北大路書房〕
55. Van Vugt, M., De Cremer, D., & Janssen, D. P. (2007). Gender differences in cooperation and competition: The male-warrior hypothesis. *Psychological Science, 18*, 19-23.
56. Würtz, E. (2006). Intercultural communication on web sites: A cross-cultural analysis of web sites from high-context cultures and low-context cultures. *Journal of Computer-Mediated Communication, 11*, 274-299.
57. Yama, H. (2016). A perspective of cross-cultural psychological studies for global business. In N. Zakaria, A-N. Abdul-Talib, & N. Osman (Eds.), *Handbook of research on impacts of international business and political affairs on the global economy*. Hershey, PA: IGI Global, Pp.185-206.

27. Hills, R. L. (1989). William Lee and his knitting machine. *Journal of the Textile Institute, 80*, 169 - 184.

28. Hofstadter, R. (1963). *Anti - Intellectualism in American Life*. New York: Alfred Knopf.〔ホーフスタッター・R.／田村哲夫訳 (2003)『アメリカの反知性主義』みすず書房〕

29. 池田和浩・仁平義明 (2009)「ネガティブな体験の肯定的な語り直しによる自伝的記憶の変容」『心理学研究』*79*, 481 - 489.

30. 池上嘉彦 (2000)『「日本語論」への招待』講談社

31. 片山恭一 (2006)『世界の中心で、愛をさけぶ』小学館文庫

32. Kim, H. S., Sherman, D. K., & Taylor, S. E. (2008). Culture and social support. *American Psychologist, 63*, 518 - 526.

33. Kogut, T., & Ritov, I. (2005). The "identified victim" effect: An identified group, or just a single individual? *Journal of Behavioral Decision Making, 18*, 157 - 167.

34. Menzel, E. W. (1974). A group of chimpanzees in a 1 - acre field: Leadership and communication. In A. M. Schrier & F. Stollnitz (eds.), *Behavior of nonhuman primates*. New York: Academic Press, Pp. 83 - 153.

35. Mithen, S. (1996). *The prehistory of the mind: A search for the origins of art, religion and science*. London: Thames and Hudson.〔ミズン・S.／松浦俊輔・牧野美佐緒訳 (1998)『心の先史時代』青土社〕

36. モース・M.／有地亨訳 (2008)『贈与論（新装版）』勁草書房

37. 大倉幸宏 (2013)『「昔はよかった」と言うけれど ── 戦前のマナー・モラルから考える』新評論

38. O'Regan, N., & Ogata, S. (2007). Changing Japanese management: Is the trend towards Western style management sustainable? *International Journal of Process Management and Benchmarking, 12*, 45 - 58.

39. Piaget, J. (1948). *La naissance de l'intelligence chez l'enfant* (2e ed.). Paris: Armand Colin.〔ピアジェ・J.／谷村覚・浜田寿美男訳 (1978)『知能の誕生』ミネルヴァ書房〕

40. Pinker, S. (2011) *The better angels of our nature: Why violence has declined*. New York: Viking.〔ピンカー・S.／幾島幸子・塩原通緒訳 (2015)『暴力の人類史』青土社〕

41. Putnam, R. D. (2000). *Bowling alone: The collapse and revival of American community*. NY: Simon & Schuster.〔パットナム・R. D.／柴内康文訳 (2006)『孤独なボウリング ── 米国コミュニティの崩壊と再生』柏書房〕

42. Redelmeier, D. A., & Kahneman, D. (1996). Patient's memories of painful medical treatments: Real - time and retrospective evaluations of two minimally invasive procedure. *Pain, 66*, 3 - 8.

とばの起源 ── 猿の毛づくろい、人のゴシップ』青土社〕

13. Dunbar, R. I. M. (2014). *Human evolution*. Harmondsworth, UK: Pelican.〔ダンバー・R. I. M.／鍛原多惠子訳 (2016)『人類進化の謎を解き明かす』インターシフト〕
14. Evans, J. St. B. T., & Over, D. E. (1996). *Rationality and reasoning*. Hove, UK: Psychology Press.〔エヴァンズ・J. St. B. T.、オーヴァー , D. E.／山祐嗣訳 (2000)『合理性と推理』ナカニシヤ出版〕
15. Fehr, E., & Schmidt, K. (1999). A theory of fairness, competition, and cooperation. *Quarterly Journal of Economics, 114*, 817 - 868.
16. Flynn, J. R. (2012). *Are we getting smarter?: Rising IQ in the twenty - first century*. New York: Cambridge University Press.〔フリン・J. R.／水田賢政訳 (2015)『なぜ人類のIQは上がり続けているのか？ ── 人種、性別、老化と知能指数』太田出版〕
17. Fodor, J. A. (1983). *The modularity of mind*. Cambridge, MA: MIT Press.〔フォーダー・J. A.／伊藤笏康・信原幸弘訳 (1985)『精神のモジュール形式 ── 人工知能と心の哲学』産業図書〕
18. Freeman, D. (1983). *Margaret Mead and Samoa: The making and unmaking of an anthropological myth*. Cambridge, MA: Harvard University Press.〔フリーマン・D.／木村洋二訳 (1995)『マーガレット・ミードとサモア』みすず書房〕
19. ゲーテ・J. W. V.／斎藤栄治訳 (1971)『若きウェルテルの悩み』講談社
20. Greenwald, A. G., & Banaji, M. R. (1995). Implicit social cognition: Attitudes, self - esteem, and stereotypes. *Psychological Review, 102*, 4 - 27.
21. Gudykunst, W. B. (1991). *Bridging differences: Effective intergroup communication*. Newbury Park, CA: Sage Publications.〔グディカンスト・W. B.／ ICC 研究会訳 (1993)『異文化に橋を架ける ── 効果的なコミュニケーション』聖文社〕
22. Güth, W., Schmittberger, R., & Schwarze, B. (1982) An experimental analysis of ultimatum bargaining. *Journal of Economic Behavior and Organization, 3*, 367 - 388.
23. Haidt, J. (2012). *The righteous mind: Why good people are divided by politics and religion*. New York: Pantheon.〔ハイト・J.／高橋洋訳 (2014)『社会はなぜ左と右にわかれるのか ── 対立を超えるための道徳心理学』紀伊國屋書店〕
24. Hall, E. T. (1976). *Beyond culture*. Garden City, NJ: Anchor Books/Doubleday.〔ホール・E. T.／岩田慶治・谷泰訳 (1993)『文化を超えて（新装版）』TBS ブリタニカ〕
25. Healy, J. M. (1990). *Endangered minds: Why our children don't think*. New York: Simon and Schuster.〔ハーリー・J. M.／西村辨作・新見明夫編訳 (1992)『滅びゆく思考力』大修館書店〕
26. ヘッセ・H.／石中象治訳 (1952)『郷愁 ── ペーター・カーメンツィント』三笠書房

参考・引用文献

1. Acemoglu, D., & Robinson, J. A. (2012). *Why nations fail: The origins of power, prosperity, and poverty*. New York: Crown Business.〔アセモグル・D.、ロビンソン・J. A.／鬼澤忍訳 (2013)『国家はなぜ衰退するのか ── 権力・繁栄・貧困の起源』早川書房〕
2. Baron-Cohen, S. (1995) *Mindblindness: An essay on autism and theory of mind*. Cambridge, MA: MIT Press/Bradford.〔バロン＝コーエン・S.／長野敬ほか訳 (2002)『自閉症とマインド・ブラインドネス（新装版）』青土社〕
3. Bernstein, W. J. (2004). *The birth of plenty: How the prosperity of the world was created*. New York: McGraw-Hill.〔バーンスタイン・W. J.／徳川家広訳 (2006)『「豊かさ」の誕生 ── 成長と発展の文明史』日本経済新聞社〕
4. Bowles, S. (2009). Did warfare among ancestral hunter-gatherer groups affect the evolution of human social behaviors? *Science, 324*, 1293-1298.
5. Carlson, S. M., Moses, L. J., & Claxton, L. J. (2004). Individual differences in executive functioning and theory of mind: An investigation of inhibitory control and planning ability. *Journal of Experimental Child Psychology, 87*, 299-319.
6. Chanda, N. (2007). *Bound together: How traders, preachers, adventuresr, and warriors shaped globalization*. London: Yale University Press.〔チャンダ・N.／友田錫・滝上広水訳 (2009)『グローバリゼーション ── 人類5万年のドラマ』NTT 出版〕
7. Cosmides, L. (1989). The logic of social exchange: Has natural selection shaped how humans reason? Studies with the Wason selection task. *Cognition, 31*, 187-276.
8. Cummins, D. D. (1998). Social norms and other minds: The evolutionary roots of higher cognition. In D. D. Cummins & C. Allen (Eds.), *The evolution of mind*. New York: Oxford University Press. Pp. 30-50.
9. Daly, M., & Wilson, M. (1988) *Homicide*. New York: Aldine de Gruyter.〔デイリー・M.、ウィルソン・M.／長谷川眞理子・長谷川寿一訳 (1999)『人が人を殺すとき ── 進化でその謎をとく』新思索社〕
10. Dawkins, R. (1976). *The selfish gene*. Oxford: Oxford University Press.〔ドーキンス・R.／日高敏隆ほか訳 (2006)『利己的な遺伝子 (増補新装版)』紀伊國屋書店〕
11. Diamond, J. (2012). *The world until yesterday: What can we learn from traditional societies?* New York: Viking.〔ダイアモンド・J.／倉骨彰訳 (2013)『昨日までの世界（上）（下）』日本経済新聞出版社〕
12. Dunbar, R. I. M. (1996). *Grooming, gossip and the evolution of language*. Cambridge, MA: Harvard University Press.〔ダンバー・R. I. M.／松浦俊輔・服部清美訳 (1998)『こ

ま行

ら行

た行

な行

は行

索　引

著者プロフィール

山　祐嗣（やま　ひろし）

1959年石川県生まれ。京都大学文学部卒業後、京都大学大学院教育学研究科博士後期課程学修認定退学、博士(教育学)。神戸女学院大学人間科学部教授を経て、現在大阪市立大学文学研究院教授。

主要な著訳書に、『日本人は論理的に考えることが本当に苦手なのか』（新曜社, 2015）、『思考と推論 ── 理性・判断・意思決定の心理学』（共監訳, 北大路書房, 2015）、『メンタリティの構造改革 ── 健全な競争社会に向けて』（北大路書房, 2003）、『思考・進化・文化 ── 日本人の思考力』（ナカニシヤ出版, 2003）、『合理性と推理』（訳書, ナカニシヤ出版, 2000）、『演繹推理の認知モデル』（ナカニシヤ出版, 1994）などがある。

新曜社

「生きにくさ」はどこからくるのか

進化が生んだ二種類の精神システムとグローバル化

初版第1刷発行　2019年7月5日

著　者　山　祐嗣

発行者　塩浦　暲

発行所　株式会社　新曜社

101-0051　東京都千代田区神田神保町3－9

電話（03)3264－4973（代）・FAX（03)3239－2958

e-mail : info@shin-yo-sha.co.jp

URL : https://www.shin-yo-sha.co.jp

組　版　Katzen House

印　刷　新日本印刷

製　本　積信堂

ISBN978-4-7885-1640-3 C1011